ESPRITS
DE FAMILLE

Sophie Wouters

ESPRITS DE FAMILLE

roman

ÉDITIONS HERVÉ CHOPIN

ISBN 9782357207936

À Norah

La jalousie et la méchanceté
appartiennent au malheureux,
et plus malheureux encore il terminera…

— Antonia est morte ! Antonia est morte !

Le jeune Renato, fier comme Artaban d'être le détenteur de cette incroyable nouvelle, la hurlait à tue-tête dans les ruelles de son village comme l'aurait fait un crieur public du Moyen Âge.

Jamais de sa courte vie, il ne s'était senti une personne aussi importante et, malgré son agitation, il avait déjà la conscience vive que l'on se souviendrait longtemps qu'il en avait été l'annonciateur. «Je suis rentré dans l'histoire de Montevitio !» avait-il alors chuchoté à l'oreille de Rossinante, son âne, après avoir remercié Dieu de l'avoir porté ce jour de juin 1968 jusqu'à Castelrosa chez son copain Agostino.

— Tu vois que cela en valait la peine ! avait-il encore vite ajouté en tapotant tendrement l'encolure de son quadrupède.

À ses cris, toutes les persiennes s'étaient en effet mises à s'ouvrir et les villageois l'avaient regardé, abasourdis.

«Puis, ils se sont signés ! Les vieux, même deux fois !», racontera-t-il, tout excité, le soir à son père qui, trop absorbé par son alcool, fut le seul à Montevitio à devoir attendre le lendemain pour réaliser l'ampleur de l'événement.

Antonia venait de fêter ses cent douze ans. Témoin des deux guerres et des malheurs incessants de son île, elle avait vu mourir son frère, son mari, son fils puis son petit-fils, et tout le monde dans cette région du Sud de l'Italie avait commencé à penser qu'une vie éternelle était peut-être du champ des possibles. « Rien ne semble vouloir l'atteindre et l'achever », « solide comme un roc, la vieille », disaient les mauvaises langues. « Une vraie force de la nature », avançaient les plus aimables.

Nombreux étaient ceux qui avaient cherché à connaître sa potion magique. Elle leur avait toujours répondu le doigt en l'air tel un prophète : « Sourire, toujours sourire, et un petit *amaro* tous les soirs pour célébrer la journée supplémentaire que le Seigneur m'a permis de connaître. »

La bonne parole s'était répandue comme une traînée de poudre et la légende raconte qu'elle se serait propagée jusqu'à Syracuse. Même les plus sceptiques s'étaient mis à user du liquoreux bien au-delà de la posologie recommandée par la vieille Antonia.

Les cirrhoses et cancers du foie explosèrent dans cette partie de la Sicile, et il n'était pas rare de pouvoir observer dans les processions funéraires la couleur noire éclairée par des sourires. « On conjure le sort comme on peut », y marmonnaient ces illuminés afin de se justifier.

« Mais il est quand même bien connu que le mieux est le mortel ennemi du bien. Ce n'est pas de ma faute si ces abrutis n'en ont fait qu'à leur tête ! Je ne suis en rien responsable de leurs excès ! », avait-on souvent entendu dire la centenaire à qui voulait bien l'entendre.

Peut-être était-ce là aussi ce qui fut un de ses secrets de longévité, l'absence totale de culpabilité. On ne le saura jamais.

***

«Mourir de rire, il y a pire comme trépas, surtout sur cette terre tourmentée qu'est notre Sicile. Et sachez donc, mes chers enfants, que notre bonne vieille Antonia est allée rejoindre son mari Lino et notre Seigneur avec le panache qu'on lui connaissait : le sourire aux lèvres, fidèle à son image et à sa devise.»

Devait-il citer tous les noms des êtres qui lui avaient été si chers et qu'elle avait vu disparaître depuis le décès de son époux ? Ses paroissiens avaient-ils à entendre, en ces temps si difficiles, une telle liste mortuaire ?

Tandis que Don Giuseppe se grattait la tête devant l'ouverture de l'oraison funèbre qu'il aurait à prononcer trois jours plus tard dans la petite église de Castelrosa, Fernando, l'arrière-petit-fils d'Antonia, tentait quant à lui de consoler et de déculpabiliser son fils de sa dernière pitrerie dans le salon où trônait le cercueil.

Accroupi à côté de la chaise en paille où Cesario pleurait à chaudes larmes, il avait fini par lui prendre le menton.

— Mais je peux te promettre, mon chéri, qu'elle ne pouvait pas souhaiter plus belle mort !

— Tu es sûr, Papa ? lui demanda-t-il entre deux sanglots.

— Certain ! Et je peux même t'assurer que beaucoup de monde en rêverait !

À ces mots, Fernando ne put s'empêcher d'avoir une pensée émue pour son ami Fabrizzio, écrasé par sa demeure dans la vallée du Belice, et pour ses jeunes parents assassinés trente ans plus tôt par la Mafia pour avoir été au mauvais endroit au mauvais moment.

Albertina, dans l'embrasure de la porte du salon, accrochée au tablier de sa mère, n'avait encore jamais vu son frère avec un tel chagrin et avait une grande envie de se mettre elle aussi à pleurer. Mais elle décida de lâcher le morceau de tissu maternel pour courir vers Cesario et l'entourer de ses petits bras.

— Je n'aime pas te voir avec des larmes de crocodile, lui susurra-t-elle d'une voix étouffée par celles qu'elle s'efforçait de retenir.

Elle prit ensuite le bas de sa robe à fleurs et, malgré les deux petites années qui les séparaient, essuya maternellement le visage de son grand frère qui, les bras pendants, se laissa faire.

Les parents, attendris et amusés par la scène, en oublièrent un instant la proximité du catafalque et se mirent à sourire, puis rapidement à en rire. Cesario eut un petit air effrayé que Fernando ne manqua pas de relever.

— Quand on tombe du cheval, il faut savoir remonter immédiatement en selle ! lui dit-il en ébouriffant tendrement ses cheveux et en tâchant de reprendre son sérieux.

— Allez, on passe à table ! Les *penne* vont refroidir. On va laisser Nonna dormir en paix, lança Simonetta.

— Oui, encore un peu et elle nous en voudrait de ne pas pouvoir être de la partie, poursuivit sur-le-champ Fernando.

Simonetta fit un signe de croix à l'intention d'Antonia, prit sa fille par la main, son mari, son fils par l'épaule, et tous les quatre se dirigèrent vers la cuisine.

Une fois installés autour de la table en bois, ils récitèrent le Notre Père. Fernando remercia son arrière-grand-mère de s'être occupée de lui jusqu'à sa majorité. Simonetta servit ensuite les pâtes. Cesario sembla rassuré… et Albertina, il en va de soi, aussi ; ce que l'encre de seiche sur leur jeune dentition ne tarda d'ailleurs pas à attester.

***

La chaleur était suffocante. Insupportable. L'été ne semblait vouloir laisser aucun répit. Pas un souffle de vent ne faisait chuchoter les oliviers qui paraissaient tout aussi accablés par les lourds rayons du soleil que l'étaient les habitants de l'île.

— Même les chats sauvages font mine de vouloir se faire adopter, se disaient les hommes au bistrot.

Malgré les volets clos, le front et le corps de Fernando perlaient à grosses gouttes et ce n'étaient certainement pas les comptes sur lesquels il était penché qui allaient les arrêter.

Après s'être essuyé le visage avec son mouchoir, il prit une dernière fois sa tête entre ses mains avant de la relever et de regarder sa femme qui commençait à mettre le couvert.

— Ce n'est plus possible, Simonetta ! On ne peut plus continuer ainsi ! On a beau se tuer au travail chaque jour que Dieu fait, on n'en voit jamais le bout ! Il n'y a plus d'avenir en Sicile.

Simonetta suspendit son geste et fixa son époux de ses grands yeux noirs, silencieuse.

— À part quelques notables et la Mafia, il n'y a plus que les contrebandiers qui puissent espérer entrevoir une vie convenable sur cette terre… Nous n'avons pas mis Cesario et Albertina au monde pour qu'ils connaissent la misère ! finit-il par dire, en refermant mollement son cahier.

Simonetta déposa la cruche, alla touiller rapidement le contenu de sa casserole, coupa le feu et revint vers son mari pour s'asseoir face à lui.

— Et que proposes-tu ? lui demanda-t-elle de sa voix éternellement douce en posant un bras sur la table.

— Je crois qu'il est temps d'accepter la proposition d'Aldo.

— Partir en Belgique ?

— Oui, ma chérie. Je ne vois plus que cette solution.

Fernando, le cœur brisé par l'air déconfit de Simonetta, se leva, contourna la table et s'accroupit à côté d'elle comme il l'avait fait un an plus tôt avec son fils.

— Le départ de Nonna et cette nouvelle loi européenne sur les immigrés me semblent être le signe qu'il est temps de tenter notre chance sur cette terre promise, lui murmura-t-il tout en déposant ses mains sur les siennes.

— Terre promise… Terre promise… Je te rappelle quand même, mon amour, que plus de la moitié des victimes de la catastrophe du Bois du Cazier étaient d'origine italienne, lui susurra-t-elle en évitant son regard.

— Les catastrophes existent où qu'on aille dans le monde…

Il était bien inutile de lui rappeler le « *Terremoto del Belice* » qui avait détruit une partie de leur île l'année précédente et emporté leur ami.

Elle regarda cette fois son mari.

— Aldo compte toujours ouvrir cette deuxième pizzeria ?

— Oui. Et il a déjà commencé les travaux qui, si tout avance comme il le désire, seront achevés fin septembre. Il est donc grand temps, ma chérie, de prendre une décision avant qu'il n'engage une autre personne pour la gérer.

— Et où se trouve-t-elle ?

— À Waterloo, dans la région bruxelloise.

— Mais n'est-ce pas là que Bonaparte a connu sa cuisante défaite? lui demanda-t-elle avec une petite angoisse dans la voix.

Fernando avait toujours été très fier de la culture de sa femme. Simonetta, trouvée un matin de mai 1943 sous le porche de l'église de Montevitio, avait été élevée par le curé qui avait toujours mis un point d'honneur à lui donner une éducation et un enseignement à la hauteur de l'affection qu'il lui portait.

— Certes ! Mais nous vaincrons là où il a échoué ! Je t'en fais la promesse ! Je deviendrai le roi de la pizza, lui répondit-il tout en lui remettant en place la petite mèche tombée sur son joli visage.

— Mais ton salaire ne suffira sans doute pas…

— C'est justement de cela que je voulais te parler !

Fernando ravala sa salive et serra un peu plus fort les mains de son épouse.

—… Aldo a entendu parler d'une famille qui habite à dix, quinze minutes de là et dont la femme de ménage va bientôt les quitter. Ils ont une conciergerie dans leur jardin qui pourrait être occupée contre services rendus. Nous pourrions l'habiter si cinq jours par semaine tu t'occupais de leur maison.

Simonetta resta silencieuse.

— C'est quand même mieux que les trois francs six sous que tu gagnes en le faisant chez les Di Marzo et les Brigante, non? lui dit-il en essayant d'agripper son regard.

Elle acquiesça par un léger dodelinement de la tête et un maigre sourire.

— Mais on ne verra plus la mer…, murmura-t-elle, déjà nostalgique.

— Si, ma chérie, il y a la mer du Nord et je te promets que nous irons la voir certains de nos dimanches.

— Il paraît, d'après Maria, qu'elle est toute grise comme leur ciel, lui rétorqua-t-elle tristement.

— Peut-être, mais Emilio m'a aussi raconté qu'il ne la trouvait pas dénuée de charme. Il paraît même qu'elle se retire à ses heures et que cela amuse beaucoup les enfants qui lui courent souvent derrière ou qui, dans l'attente qu'elle revienne vers eux, créent des fleurs en papier pour les échanger contre des couteaux.

— Des couteaux !?... Mais on ne quitte quand même pas la Sicile pour…, s'exclama Simonetta, effrayée.

Fernando ne lui laissa pas le temps d'achever sa phrase.

— Les coquillages, ma chérie ! lui répondit-il en riant et en lui caressant délicatement les cheveux, amusé et attendri par sa naïveté.

Simonetta se mordilla les lèvres, tritura un bout de son tablier puis lui murmura d'une voix à la fois grave, douce et voilée :

— Je te fais confiance, mon amour. On ira où tu veux.

***

Les traditions ont parfois du bon. Les Faratelli allaient quitter leur île avec un passeport inestimable en poche, qu'ils devaient à une de leurs aïeules : Angélique.

Angélique, mère d'Antonia, de pure souche française et d'une famille rescapée de la Révolution, avait été conçue au lendemain des Trois Glorieuses en Île-de-France et y vécut une morne vie jusqu'en 1852, année de sa rencontre avec Rocco, un roturier sicilien. Tombée éperdument amoureuse de lui sur le Champ-de-Mars, et presque aussi rapidement enceinte, elle s'était retrouvée dans l'impossibilité de l'annoncer à son snob de père et à sa dévote de mère, et avait donc vite décidé de quitter le pays avec Rocco pour rejoindre sa terre natale. Cinq mois après leur arrivée, le jour des vingt et un printemps d'Angélique, ils s'étaient unis sous la voûte baroque de la petite église de Castelrosa.

L'enfant naquit le 29 septembre de la même année, jour de la Saint-Gabriel, et les heureux parents, éblouis par leur bébé joufflu à la gueule d'ange, ne cherchèrent pas plus loin son nom de baptême. Un peu moins de quatre années plus tard, ils donnaient à Gabriele une petite sœur : Antonia.

L'amour entre les deux enfants fut aussi immédiat que celui de leurs parents sur le Champ-de-Mars. Pendant plus de sept décennies, le frère et la sœur seront quasi inséparables, ne feront jamais rien sans l'assentiment de l'autre, et le curé dut même tenir compte de trois « oui » lors de la célébration de leurs mariages respectifs.

Angélique, devenue du jour au lendemain Angelica, n'avait pas un seul instant regretté sa fuite. Pas un seul instant elle n'eut à se plaindre d'avoir renoncé aux plaisirs oisifs de son milieu. Elle avait aimé sa vie, ses enfants, mais surtout son mari jusqu'à son dernier souffle ; Rocco fut emporté brusquement à ses soixante ans par une embolie pulmonaire et elle ne lui avait survécu que trois petits mois, le temps pour elle de tenir dans ses bras son petit-fils, le grand-père de Fernando.

L'amour depuis la rencontre d'Angélique et Rocco était devenu un gène familial que rien ni personne n'était jamais arrivé à détourner... Même s'il serait plus honnête de préciser que rares furent ceux qui osèrent s'y aventurer !

Angelica avait appris sa langue maternelle à Gabriele et Antonia, et leur avait exprimé le souhait qu'ils en fassent une tradition. « Pouvoir parler plusieurs langues est un atout considérable dans l'existence, leur avait-elle quelques fois répété. Connaître l'italien m'a ouvert les portes du village », finissait-elle toujours par leur dire afin de les en convaincre.

Et elle avait bien fait d'insister. Même si le français de Simonetta était moins évolué que celui de son mari et de ses enfants, il va sans dire que leur intégration dans le plat pays allait s'en trouver grandement facilitée.

***

Le portrait d'Antonia, souriant bien sûr, semblait se réjouir de quitter pour la première fois son île. Soutenu par la machine à coudre, garante de leur dignité, il trônait entre Cesario et Albertina à l'arrière de la voiture. Et l'aïeule, malgré sa sombre tenue, paraissait rajeunie de quelques décennies et être la seule à avoir une mine bienheureuse à l'idée de voir enfin du pays. Quand l'un d'eux ouvrait la fenêtre, Fernando croyait même parfois apercevoir dans son rétroviseur des mèches de son chignon voler au vent.

Deux mois étaient passés depuis la grande décision. Deux mois qu'ils avaient consacrés à organiser leur départ. Fernando avait donné son préavis au garage, Simonetta avait annoncé aux Di Marzo et aux Brigante qu'elle s'en allait faire le ménage à plus de deux mille kilomètres de là, et ils avaient accepté l'offre très décente du conseiller municipal Gustavo Lanfredi pour leur maison.

Puis, après avoir organisé une brocante, ils avaient convié leurs quelques amis à partager leur table.

La soirée avait été belle, remplie d'étoiles, de tristesse et de joie.

— Vous nous manquez déjà ! leur avait dit Benedetto, leur plus proche voisin, au moment du dessert.

Et Fernando avait profité de ce moment de nostalgie prématuré pour faire savoir à tous qu'après en avoir discuté avec Simonetta, ils préféraient qu'aucun ne vienne assister à leur départ le surlendemain.

— … Pour ne pas le rendre plus douloureux encore, leur avait-il expliqué d'une voix sourde.

Lorsque son épouse proposa un petit digestif, Fernando s'était excusé auprès de la tablée et l'avait quittée avec Alberto, son parrain et ami, pour un dernier tête-à-tête.

Tous deux s'étaient ensuite dirigés sans prononcer un mot vers la mer et, après s'être assis dans le sable et avoir regardé un instant l'horizon éclairé par la lune, Fernando avait brisé le silence.

— Aldo s'est chargé d'inscrire les enfants à l'école et, tout comme les nouveaux patrons de Simonetta, il nous attend de pied ferme. J'espère, Alberto, avoir fait le bon choix. Comment le savoir ? murmura-t-il alors, songeur, tout en s'acharnant à rallumer son mégot de cigarette.

— Tu sais, Fernando, on mène tous notre barque comme on peut et il reste juste à espérer qu'elle nous conduise au bon endroit, lui répondit-il en posant une main paternelle sur son épaule.

À peine avait-il prononcé ces mots qu'une légère brise fit roucouler la mer. Ils se sourirent et Alberto frotta affectueusement le dos de Fernando.

— Mais tu verras, ça ira ! lui dit-il de la voix profonde, solide et sûre du père qui avait toujours tant manqué à Fernando.

Ils discutèrent ensuite un moment plus légèrement. Puis ils s'étaient levés en tapotant leur pantalon plein de sable et étaient allés rejoindre les convives.

Deux jours plus tard, au petit matin, les Faratelli avaient à nouveau ouvert leurs portes aux habitants de Castelrosa et Montevitio et, leur maison vidée de tout ce qui avait été leurs meubles et objets, ils avaient été remettre leur clef à Gustavo Lanfredi.

Et ce n'est que lorsqu'ils montèrent dans leur toute nouvelle voiture, chargée sur le toit comme un mulet, que Simonetta versa les quelques larmes qu'elle s'était efforcée de retenir jusque-là. Quitter ces lieux qui avaient vu naître ses enfants lui déchirait le cœur. Fernando lui fit alors la promesse de revenir sur cette terre pour y terminer leurs vieux jours.

Simonetta avait embrassé le paysage du regard, s'était empli les poumons de l'air sicilien et s'était retournée vers lui.

— Promis ?

— Promis !

Elle savait, comme tout un chacun au village, que la parole de son mari était d'or.

***

La route fut longue et les arrêts nombreux.

La famille Faratelli eut la chance de trouver assez facilement des hôtels propres et bon marché pour ses deux étapes et s'arrêta souvent pour pique-niquer le long des routes nationales ou des chemins de traverse.

Tout se passa sans encombre ou presque.

Aux abords de Lyon, Albertina s'était sentie mal et ils avaient dû bifurquer à la première aire de repos venue. Mais, à part ce petit incident, Fernando et Simonetta se réjouissaient du bon déroulement de leur périple.

— Tu vois que cela ne valait pas la peine de t'en faire, chuchota tendrement Fernando à son épouse, les deux enfants endormis, avant de quitter une fois de plus l'autoroute.

La capitale française n'était plus qu'à une centaine de kilomètres et il était hors de question pour le couple Faratelli d'aller dépenser leurs économies dans la coûteuse métropole.

La route nationale bordée de champs de coquelicots les charma et l'envie fut grande d'arrêter la Fiat sous un magnifique platane, mais la vue d'une croix en bois plantée à ses pieds les en avait dissuadés.

Quelques minutes après que Simonetta se fut signée, ils entraient dans un village où les habitants dans les rues les regardèrent passer tels des Martiens descendus sur Terre. Ils avaient tous arrêté sur-le-champ leur marche ou leur activité, et il n'y eut plus que leur visage qui opéra encore un mouvement afin de suivre celui de la voiture.

Albertina, un rien apeurée par cet étrange moment, questionna sa mère.

— Ils n'ont sans doute jamais vu une plaque italienne, lui avait-elle alors répondu.

À peine Simonetta avait-elle rassuré sa fille que la voiture arrivait déjà à la sortie du village où, alors qu'ils étaient arrêtés par un troupeau de vaches traversant nonchalamment la rue, le nom d'un chemin attira l'attention de Fernando, qui s'était tourné vers son épouse en pointant la pancarte du doigt. Simonetta avait hoché la tête et il avait braqué son volant.

Le chemin des Lilas leur apparut aussi charmant que son nom et Fernando décida de couper le moteur près d'un gros chêne qui semblait les attendre.

Deux filles d'une dizaine d'années jouaient à la marelle à quelques mètres de là et, à la vue des Faratelli, la plus petite arrêta net son saut vers le ciel. Puis toutes deux se mirent à les regarder, elles aussi, tels des extraterrestres.

L'envie fut bien sûr grande pour Albertina d'aller les rejoindre, mais elle savait que ses parents devraient à regret lui refuser ce plaisir.

Les quatre Faratelli leur firent un petit geste de la main qu'elles leur renvoyèrent timidement avant de se remettre à jouer, pendant que Simonetta et Fernando se dépêchaient de déplier la nappe pour pique-niquer.

Lorsqu'il fut déjà temps de repartir, après avoir resalué les deux petites filles, ils étaient remontés dans leur voiture qui s'était mise à patiner, et les fillettes avaient osé cette fois s'approcher. Mais, à peine la plus grande avait-elle commencé à entrouvrir sa bouche pour s'adresser à Fernando par sa fenêtre grande ouverte qu'une forte femme en tablier était sortie de l'unique maison qui bordait le chemin et, après avoir posé son balai contre la porte d'entrée et ses mains sur ses larges hanches, s'était mise à hurler :

— Célestine ! Combien, mais combien de fois devrais-je donc te dire qu'on ne parle pas aux inconnus !?

— Mais, Berthe, ils sont coincés dans le talus et on pensait qu'Aristide pourrait peut-être les aider avec son tracteur, lui cria Edith.

— Qu'attendez-vous donc alors pour aller le chercher !? fit-elle en balayant l'air des deux mains et en levant les yeux au ciel.

Les deux amies filèrent à travers les champs tandis que la Berthe, qui était retournée à l'intérieur de sa maison avec son balai pour le remettre en bonne place, en était aussi vite ressortie pour traverser d'un pas énergique le petit chemin de terre et inspecter la chose de plus près.

— Mais quelle idée avez-vous donc eue d'aller vous mettre dans le talus avec une voiture chargée comme un baudet !? leur demanda-t-elle en guise de « bonjour », tout en remettant les mains sur ses hanches.

Par chance, Fernando n'eut pas à chercher une réponse… Les fillettes étaient déjà de retour, essoufflées.

— Mon oncle va arriver, s'empressa de bredouiller timidement Célestine en essayant de reprendre sa respiration.

— Vous allez où ? leur demanda Edith en remettant avec son index ses grandes lunettes sur le bout de son nez.

— En Belgique, leur répondit Fernando en serrant tendrement son fils contre lui.

— Et on va faire une étape à Paris, enchaîna Cesario, tout excité, en levant les yeux vers les filles.

Les leurs s'étaient mis à briller.

— Paris !? crièrent-elles en chœur.

— Oui ! fit-il en hochant fièrement la tête, que son père ne tarda pas à ébouriffer.

— Vous en avez de la chance ! leur répondit Edith tandis que la ravissante Célestine semblait bien rêveuse et la Berthe quelque peu exaspérée.

Fernando et Simonetta avaient en effet promis à leur fils que s'il restait calme dans la voiture, ils feraient une halte devant la tour Eiffel. Fortement motivé, le turbulent fiston s'était montré méconnaissable et, à part de nombreux « dans combien de dodos on arrive ? », personne n'avait eu à s'en plaindre.

— Bon, ben... Où est-il donc l'Aristide !? s'exclama subitement la Berthe.

— Il arrive ! Il arrive ! s'écria Edith en pointant un doigt vers les champs.

Quelques minutes plus tard, un homme râblé avec une tête qui semblait rentrée dans ses épaules sortit de son tracteur et marmonna un bonjour à la famille Faratelli.

— Ne vous inquiétez pas, leur dit-il ensuite gentiment, mais toujours d'une voix sourde. On va vous sortir de là.

— J'espère bien ! Il ne manquerait plus que tu n'y arrives pas ! lui rétorqua Berthe en soulevant les épaules et en regardant une nouvelle fois le ciel.

Fernando et Simonetta éprouvèrent alors de la pitié pour cet homme qui leur semblait bien brave.

Tandis qu'Aristide s'attelait à la tâche avec son câble, son épouse s'adressa à Cesario et Albertina.

— Dites, les enfants, cela vous dirait de rentrer prendre un verre de grenadine ?

Tous deux se tournèrent vers leur mère dans l'attente d'une approbation.

Simonetta eut un air gêné et hésitant. Et, avec sa voix douce à l'accent chantant, elle déclina poliment l'invitation.

— Oh, vous en faites déjà assez ! On ne voudrait pas vous déranger !... Et puis, nous sommes att…

— Tsss, tsss, coupa la Berthe. Si je vous le propose ! Et sachez que les simagrées ne sont pas le genre de la maison ! ajouta-t-elle en faisant signe aux enfants de la suivre.

Leur mère resta un instant perplexe, ne sachant si elle-même était conviée.

Berthe s'en aperçut.

— Et bien sûr, vous êtes la bienvenue, mad…

— Simonetta, fit-elle en tendant une main timide, que la Berthe empoigna non sans une pointe de virilité.

Quelques instants plus tard, femmes et enfants étaient dans la cuisine. Berthe y rangea religieusement le *Point de Vue* qui traînait sur la toile cirée puis commença ses va-et-vient entre le buffet et la table. La petite Albertina, quant à elle, n'arrivait pas à quitter des yeux la jeune fille de la maison. Elle la regardait, la bouche ouverte.

— Tu es trop belle, lui lança-t-elle. On dirait une Barbie !

Célestine se mit à rougir tandis que Simonetta aurait aimé confirmer les propos de sa fille, mais la vue de son amie Edith, aux oreilles décollées presque aussi grandes que ses lunettes, l'en empêcha.

Heureusement, ce petit moment de gêne fut vite chassé par les cris de Cesario qui, surpris de voir pour la première fois un poste de télévision depuis leur escapade à Syracuse, en avait oublié son français.

— *Hai visto, mamma ? Hanno la televisione !* s'était-il alors exclamé en pointant le petit écran.

Berthe, qui ne parlait pas un mot d'italien, comprit pourtant le sens des paroles de stupéfaction de Cesario et arrêta ses pas.

— Une acquisition faite quelques mois avant la venue au monde de la petite, fit-elle en hochant la tête vers Célestine. La 2 CV de ses parents s'est écrasée contre un arbre à deux pas d'ici le jour de sa naissance et nous l'avons recueillie, raconta-t-elle distraitement, comme si la jeune Célestine n'avait pas d'oreilles pour entendre.

Simonetta eut mal au cœur pour l'enfant mais comprit aussi, à cet instant, le gouffre qui existait entre cette gracieuse gamine et ces gens pour le moins bourrus.

Berthe s'était tout juste mise à verser la grenadine quand Aristide rentra dans la pièce avec Fernando.

— Voilà. C'est arrangé, dit-il à la petite assemblée.

— Eh bien, voilà une bonne chose de faite ! lui lança Berthe sans lever le nez tandis que Cesario regardait avec admiration un papillon épinglé dans une vitrine, lui paraissant vouloir imiter son voisin qu'était le Christ sur la croix.

Aristide s'en aperçut et s'approcha.

— C'est un Apollon... une espèce rare, fit-il toujours timidement mais avec une pointe de fierté. J'ai pour habitude de les attraper mais celui-ci est un cadeau reçu le jour de nos noces... Et vois-tu, mon bonhomme, il a de cela de particulier que...

— Dis, toi, tu crois que ton tracteur va se ranger tout seul !? lui lança son épouse qui daigna cette fois lever son nez du dernier verre qu'elle était en train de servir.

Aristide ne répondit rien et serra la main de Fernando, qui le remercia encore pour le service rendu. Il salua d'un petit geste et de sa voix redevenue sourde Simonetta, Cesario et Albertina, et sortit de la cuisine.

Le malaise chez le couple Faratelli était devenu cette fois plus que palpable et Fernando avait regardé sa montre.

— Oh, vraiment désolé, madame, de devoir vous laisser ainsi, mais nous sommes attendus avant minuit en Belgique et…, fit-il en pointant du doigt l'horloge qui trônait au-dessus du Frigidaire.

— Pourquoi? Si vous n'arrivez pas avant, votre voiture va se transformer en citrouille? coupa Edith avec espièglerie et en relevant à nouveau ses lunettes.

Fernando, amusé par l'humour et l'assurance de la jeune fille, lui fit un grand sourire et se tourna ensuite pour demander à ses enfants de finir rapidement leur verre.

— Si vous repassez un jour par le village, n'hésitez pas à venir nous rendre visite, fit la Berthe devant la porte d'entrée.

Fernando lui renvoya un «bien sûr» de politesse. Ils se serrèrent tous la main. Et, après avoir vu la Fiat tourner au coin de leur chemin, ce fut Berthe qui jeta un coup d'œil sur sa montre.

— C'n'est pas tout c'la! fit-elle à l'intention des deux gamines. Il serait peut-être temps que tu ailles prendre ton bain, Célestine! Et toi, Edith, tes parents doivent se demander où tu es passée!

Les deux amies s'embrassèrent rapidement, puis Célestine monta vers la salle de bains.

— Et pas trop d'eau! cria encore la Berthe, la porte d'entrée à peine refermée.

***

Le passage dans la capitale française fut très angoissant pour Fernando et pour Simonetta.

Ébloui par la Ville Lumière et impressionné par le nombre de voitures, Fernando fut souvent apostrophé par des coups de klaxon.

Sur le Champ-de-Mars, lieu de rencontre de ses arrière-arrière-grands-parents, Fernando fit à nouveau prendre l'air au portrait d'Antonia et laissa une fois de plus sa poésie prendre le dessus en croyant apercevoir une petite larme d'émotion au coin d'un des yeux de son aïeule.

Mais après cette étape parisienne, le désenchantement ne fit que grandir : plus la Fiat s'enfonçait vers le nord, plus les visages de Simonetta et des deux enfants s'assombrissaient à l'image du paysage qui défilait derrière les vitres. Les maisons et la platitude du pays leur apparaissaient aussi tristes que le temps.

Lorsqu'ils passèrent la frontière, le ciel se mit à gronder. Simonetta, aussi superstitieuse qu'elle croyait en Dieu, y vit un mauvais présage et se tourna vers la fenêtre pour se signer discrètement. Fernando fit mine de ne pas s'en apercevoir mais ne put s'empêcher de poser une main tendre et rassurante sur la cuisse de son épouse.

Le reste de la route se passa sous des trombes d'eau, Fernando accroché à son volant comme à une bouée de sauvetage, le dos raidi par l'angoisse et les yeux rivés sur son pare-brise comme un myope sans lunettes. Malgré les nombreuses étapes, cette dernière ligne droite avait fini par l'achever et il ne demandait qu'à s'abandonner dans les bras de Morphée.

Cesario et Albertina, quant à eux, dormaient du sommeil du juste, la bouche grande ouverte, quand ils arrivèrent enfin devant la propriété des Van Molsen.

Simonetta avait murmuré leurs noms. Ils s'étaient alors frotté les yeux et découvrirent, encore dans les brumes de leur lent réveil et la pénombre de cette nuit d'été, le domaine boisé qui allait être leur nouveau terrain de jeux pour les années à venir.

***

Dans un souci d'intégration, Fernando avait demandé à ses enfants de se faire appeler César et Albertine lorsqu'ils arriveraient en Belgique.

— À votre majorité, vous pourrez reprendre votre «io» et votre «a» si vous le souhaitez, mais je pense, leur expliqua-t-il, que c'est mieux pour vous faire de nouveaux amis.

Cesario et Albertina avaient levé des yeux éberlués vers leur père.

— Et toi, Papa, tu vas te faire appeler Fernand? demanda la petite Albertina.

— Et Maman, Simone? poursuivit immédiatement le plus grand.

— Non. Pour être le roi de la pizza, j'ai intérêt à garder mon «o» et quant à Maman, elle fera comme bon lui semble... C'est une grande personne! Même si je pense qu'il serait préférable qu'elle se fasse appeler Simone.

À peine avait-il prononcé ces mots que Simonetta l'avait regardé, interdite.

Déposée anonymement sous le porche de l'église de Montevitio, elle tenait d'autant plus farouchement au nom de baptême que Don Luigi, mort cinq ans plus tôt, lui avait donné... Et puis, que lui resterait-il des parfums de son île si elle devait oublier jusqu'à la terminaison de son prénom?

Fernando, qui s'était rendu compte de sa maladresse, n'avait pas insisté et avait vite fait amende honorable en lui renvoyant un petit sourire contrit.

C'est donc en bredouillant leur prénom tout fraîchement francisé que les enfants se présentèrent en tendant une main timide à M. et Mme Van Molsen sur le perron de la maison où ces derniers les avaient attendus droits comme des «i».

Henriette Van Molsen sembla un instant surprise, et même suspicieuse, mais ne s'attarda pourtant point sur la chose. Tant que la docilité et la politesse ne leur feraient pas défaut, qu'ils s'appellent même Tartempion ou Zenabel lui importait en fait bien peu.

Henriette Van Molsen, grande et d'une minceur frôlant la maigreur, les cheveux couleur cendre coiffés d'un serre-tête qui accentuait encore la dureté de ses traits, avait la nuque raide et le nez aquilin. Nombreux étaient ceux qui hésitaient en la voyant entre la comparer à un cheval ou à un vautour. *Un hybride des deux avec une allure de grenouille de bénitier*, pensait sa jeune voisine avec qui les rapports étaient plutôt houleux.

Quant à Herbert Van Molsen, quoique tout aussi effrayant, il était en de nombreux points la parfaite antithèse de son épouse.

Un peu plus grand, tout chez lui était en largeur et en graisse. Il avait un corps difforme que les amis de ses enfants s'amusaient souvent à comparer au bonhomme Michelin qui trônait à la station essence de Waterloo. *Mais en beaucoup moins sympathique*, n'osaient répliquer leurs parents. Sa large tête à la coiffure monastique semblait directement accrochée à son buste, comme si aucun cou n'était là pour l'y raccorder. Dans son cas, la comparaison animalière ne provoquait aucun débat et faisait même l'unanimité. «Un gros porc», disait-on dans cette partie du Brabant wallon ou certains milieux bruxellois.

Il aurait dû, en toute logique, avoir pour lui sa magnifique couleur d'yeux bleu azur, mais leur incroyable clarté n'avait malheureusement pour seul effet que d'en rajouter à l'étrangeté et la répugnance que suscitait le personnage.

Il voulait être respecté et admiré de tous. Cette recherche effrénée qui se traduisait dans chacune de ses manières le rendait totalement ridicule.

«Surtout que ce ne sont pas l'âge avançant et son laisser-aller qui l'aideront dans sa quête», disait parfois Henriette avec mépris à ses comparses bridgeuses, faisant ainsi comprendre qu'elle avait bien les yeux en face des trous.

Herbert portait le thorax haut comme si les nombreux titres d'administrateur qu'il accumulait avec une ferveur toute particulière dans les entreprises de son père ou dans quelques cercles et rallyes étaient des décorations épinglées sur sa large poitrine. Autrement dit, il était gonflé d'orgueil.

Leurs deux enfants, Gaëtan et Gwendoline, qui ne tardèrent pas à arriver pour rencontrer les Faratelli, étaient quant à eux ce que l'on appelle des véritables petits miracles de la nature, comme il en arrive quelques fois.

Les croyants qui connaissaient la famille Van Molsen devenaient d'autant plus fervents en la présence du quatuor, et certains athées se mettaient même à douter qu'un Dieu puisse malgré tout exister ou que l'Univers eût son mot à dire dans l'ordonnancement des choses ici-bas.

À part leurs yeux bleus qui ne laissaient aucun doute quant au certificat de paternité d'Herbert, Gaëtan et Gwendoline étaient aussi beaux et avenants que leurs parents étaient repoussants et antipathiques.

Faux jumeaux, ils se ressemblaient comme si un seul ovule et un seul spermatozoïde s'étaient rencontrés, et leur incroyable entente était celle que l'on prête de coutume aux monozygotes. Aussi inséparables que la défunte Antonia l'avait été avec son frère, ils faisaient également bloc contre leurs parents pour qui ils ne ressentaient, malgré leur jeune âge, ni amour ni respect. Il faut dire que ces derniers n'avaient jamais rien fait pour attirer leurs grâces. Herbert et Henriette faisaient partie de ces parents qui se montrent indifférents à leur progéniture ; Gaëtan et Gwendoline ayant été conçus aux seules fins qu'ils puissent être en totale conformité avec la société.

La descendance assurée, et en ayant fait d'une pierre deux coups, la chance avait donc joué en faveur des quatre protagonistes. Surtout que Gaëtan, sorti en premier du ventre de sa mère, avait juridiquement offert à ses parents l'image même de la famille idéale : le choix du roi.

La chose faite et bien faite, le devoir accompli, le couple avait rapidement décidé de faire chambre à part.

Vous l'aurez évidemment compris, ce mariage était loin d'être celui de l'amour ; il faisait partie de ceux que l'on appelle « arrangés » afin d'unir deux mondes certes antagonistes, mais profitables à chacune des parties.

Auguste Van Molsen, le père d'Herbert, enrichi grâce aux tétines de bébé et au papier hygiénique, avait ensuite élargi ses activités jusqu'aux pompes funèbres. Cela faisait donc trois générations que la famille n'avait jamais manqué de rien.

« Et ce n'est pas la très haute densité de notre population qui va ternir mes affaires. Elles tournent comme sur des roulettes ! », l'entendait-on souvent dire, très fier d'avoir opéré des choix aussi judicieux.

Et Henriette, baronne de son état, bien que désargentée, donnait un certain prestige aux Van Molsen qui lui assuraient en contrepartie une vie à laquelle elle aurait pu prétendre si le château familial n'avait pas englouti leurs ancestrales économies.

— Ils me font peur, osera murmurer Simonetta à Fernando, une fois Henriette Van Molsen sortie de la conciergerie. Surtout Madame, avait-elle tout de suite ajouté.

Mais elle attendra, cette fois, que son mari et ses enfants soient bien couchés pour se signer à nouveau et refaire une prière.

Et l'avenir lui prouvera qu'une fois encore son instinct ne l'avait pas trompée.

***

Simonetta dut bien l'admettre : la conciergerie était un endroit très simple mais non dénué de charme.

— Dommage que la décoration n'y soit pas du meilleur goût, avait-elle dit à son mari, après lui avoir fait part de son appréhension quant à sa nouvelle patronne.

— Avec le tien, tu arriveras à faire des merveilles, lui assura Fernando, exténué, avant de s'excuser de la laisser ainsi en plan avec les enfants et les bagages. Je m'occuperai demain de monter les valises ! Excuse-moi, ma chérie, mais là je n'en peux plus, je vais me coucher !

Simonetta embrassa tendrement son mari, lui caressa un instant le visage, puis le regarda avec compassion monter difficilement la courte volée d'escalier.

Arrivé sur le petit palier, Fernando passa en coup de vent sa tête dans l'embrasure des trois portes puis se dirigea tout aussi rapidement vers le nouveau lit conjugal.

La visite de la maisonnée ne fut pas beaucoup plus longue pour Simonetta et les enfants. Le rez-de-chaussée était en effet composé d'un minuscule hall et d'une seule pièce faisant office de salon, salle à manger et cuisine, et l'unique étage de deux chambres entre lesquelles se trouvait en sandwich une petite salle de bains.

Cesario et Albertina avaient fait des bonds de joie à la vue des lits superposés tandis que Gaëtan et Gwendoline, à quelques mètres de là, s'étaient également réjouis.

— Cela va nous changer de la vieille taupe ! J'espère qu'ils auront le courage de rester ! avait sorti Gaëtan à sa sœur, la main sur la poignée de sa chambre à coucher.

— On fera tout pour ! lui avait-elle répondu avec détermination avant d'entrer dans la sienne.

***

— … Et pour ce qui est des enfants, sachez qu'en conduire deux ou quatre à l'école ne changera rien aux habitudes de mon mari ! Si ce n'est juste un petit arrêt à l'école communale, finit par dire Henriette à Simonetta, après lui avoir longuement expliqué la façon dont elle voulait que chaque tâche soit effectuée dans la maison.

Simonetta, qui ne possédait pas de permis de conduire, se sentit soulagée. *Vu les lourds horaires qui attendent Fernando à la pizzeria, cela lui permettra de gagner des heures de sommeil*, pensa-t-elle, heureuse et impatiente de pouvoir le lui annoncer.

— Merci, Madame, répondit-elle timidement à sa nouvelle patronne qui, déjà installée à son bureau, semblait bien loin de ces préoccupations de navettes scolaires.

C'est donc au dos d'Henriette Van Molsen que Simonetta dut continuer à s'adresser.

— Mais, Madame…

— Oui, Simonetta? coupa-t-elle avec une pointe d'agacement.

— … Mais pour le premier jour, Madame, je pense que… balbutia-t-elle en se tordant les mains, et dans son français encore imparfait,… que ce serait mieux si mon mari et moi *amenons* Albertine *dans* l'école. Tout est si nouveau pour elle… *Elle encore si jeune* et comme c'est son…

— Vous ferez comme bon vous semble! l'arrêta à nouveau Henriette, sans prendre la peine de se retourner et avec une réelle indifférence dans la voix.

Simonetta n'osa plus prononcer le moindre mot et quitta le salon.

Arrivée devant l'immense cage d'escalier, elle s'arrêta un instant.

Eh bien, ce n'est pas le travail qui va manquer! Elle est encore bien plus grande que celle des Brigante, pensa-t-elle, un rien découragée, tout en s'étonnant que de telles demeures puissent exister.

Puis elle se dirigea vers la cuisine et enfila son nouveau tablier.

***

La rentrée scolaire d'Albertina se passa sans problème.

À peine avait-elle dit au revoir à ses parents qu'un essaim de petites filles, attirées par la robe que Simonetta lui avait cousue pour le grand jour, s'était formé autour d'elle.

— Tu vois que cela ne valait pas le coup de t'en faire, sortit à nouveau Fernando à son épouse en retournant vers leur voiture.

Installés dans la Fiat, ils regardèrent une dernière fois leur petite Albertina qui, dans la cour, semblait déjà les avoir oubliés et se laissait toucher par ses nouvelles camarades, admiratives.

Simonetta eut un sourire au coin des lèvres. *J'ai bien fait de lui confectionner cette tenue*, pensa-t-elle, tout en se réjouissant que l'uniforme ne soit pas de rigueur pour ces premières années d'école.

Tandis que Fernando et Simonetta reprenaient la route de la conciergerie, le cœur bien plus léger qu'au petit matin, Herbert Van Molsen venait de déposer Gwendoline au Berlaymont dans le domaine d'Argenteuil à Waterloo, et les deux garçons au collège Cardinal Mercier, situé à dix minutes de là.

Cesario fut fortement impressionné par l'immensité de son école. Jamais il n'avait vu autant d'enfants ; il lui semblait en arriver de partout.

Gaëtan, qui ignorait encore s'il se retrouverait dans la même classe que César, lui avait promis de le guider autant que possible en ce jour de rentrée scolaire. Mais une fois dans la cour, un de ses anciens professeurs l'avait hélé d'un geste de la main et Cesario s'était retrouvé seul sous le préau.

Un garçon qui lui semblait avoir son âge l'avait alors regardé un instant de côté puis s'était approché.

— Bonjour, je m'appelle Jules, fit-il d'une voix assurée, en lui tendant une main virile pour son jeune âge.

— Et moi, c'est César, répondit-il plus timidement.

Jules se mit à rire.

— J'aime ton humour ! Je sens que je ne vais pas m'embêter avec toi ! fit-il en posant une main sur son épaule.

Cesario tenta de dissimuler sa perplexité et, après avoir mis un certain temps avant de comprendre, bredouilla :

— Mais je m'appelle vraiment César...

— Vraiment !? lui rétorqua Jules, en opérant un petit recul, pris cette fois entre questionnement et stupéfaction.

— Vraiment ! eut le temps de répondre Cesario avant que la cloche ne se mette à sonner.

— À nous deux, on va être imbattables ! lui lança rapidement Jules avant de le laisser.

Jules était aussi débordant d'esprit que Cesario l'était d'énergie, et l'émulation mutuelle qui ne tarderait pas à s'opérer allait donner autant de sourires que de cheveux blancs à leurs professeurs. Quelques minutes après ce tout premier contact, ils s'étaient en effet retrouvés avec des regards amusés dans la même classe.

Mais ce qu'ils ignoraient alors, c'est qu'une grande amitié venait de naître et qu'elle ne serait pas près de s'arrêter.

***

Jules était l'enfant unique d'un père souvent absent et d'une mère aux tendances dépressives. L'état cérébral de Betty, fruit d'une Belge et d'un soldat allemand, la faisait bien souvent vaciller entre psychotropes, romans-photos, séries télévisées et verres de vodka.

Jules ne portait pas particulièrement son père dans son cœur et aimait bien sa pauvre mère, pour qui il éprouvait surtout de la pitié.

— Heureusement qu'elle n'est pas maniaco-dépressive et que mon paternel n'est pas souvent là pour me chercher les poux ! confiera-t-il quelques années plus tard à César, toujours armé de son humour.

Marc, le père de Jules, encore plus énervé que l'était son fils par l'état de Betty, avait décidé à la quarantaine de changer de voie professionnelle. Après plus de dix ans de bons et loyaux services dans le secteur bancaire, il s'était lancé à corps perdu sur les routes du représentant de commerce. Zèle tout particulièrement apprécié par son nouveau patron, mais aussi par le petit Jules.

Vous comprendrez donc ici pourquoi le jeune garçon se retrouvera très vite et bien souvent chez son ami César, tout comme Gaëtan et Gwendoline qui s'étaient déjà mis à déserter la grande maison familiale pour la conciergerie.

Henriette s'était quelques fois étonnée de l'intérêt, et même de l'affection, que ses enfants semblaient porter à ces « petits immigrés » (comme elle se plaisait parfois à les nommer), mais avait décidé de ne pas en prendre ombrage… Et si elle avait été plus honnête avec elle, elle aurait reconnu que tout était en fait très bien ainsi.

Stupéfaits de la joie et de l'amour qui pouvaient régner dans une famille, Gaëtan et Gwendoline, après conférence au sommet dans les branches de leur chêne préféré, avaient décidé d'un commun accord, afin de marquer plus de distance avec leurs géniteurs, de les vouvoyer et de les prier d'en faire de même en retour.

— Ils le font d'ailleurs bien entre eux ! avait encore vite ajouté Gwendoline pour clore le sujet, en descendant de l'arbre centenaire.

Quelque peu hébétés par la nouvelle lubie de leur jeune binôme, les parents avaient toutefois accepté sans broncher.

— Si cela peut vous faire plaisir ! leur avaient-ils exceptionnellement répondu d'une seule voix.

— Après courte réflexion, ce n'est peut-être pas plus mal ! avait même fait remarquer Henriette à son mari, une fois ses enfants sortis du salon où ils avaient demandé à être reçus séance tenante.

— On n'est plus à une folie près dans cette maison, lui avait alors marmonné Herbert qui, le nez replongé dans la nécrologie de *La Libre Belgique*, n'avait pas estimé nécessaire de le relever.

Ce qui, vous l'admettrez, prouve quand même que, contrairement aux rumeurs et aux apparences, il n'était pas dépourvu de clairvoyance !

***

Les Faratelli avaient dû attendre la Toussaint pour aller rendre visite à leurs amis à Blankenberge. Leurs morts à tous dormant sous la terre de Sicile, ces 1er et 2 novembre ne devaient donc pas être consacrés aux visites de cimetières et la Fiat avait dès lors pris l'autoroute en direction de la côte belge.

Simonetta, au-delà du bonheur de revoir Emilio et Maria, se sentait très curieuse de savoir à quoi ressemblait cette bien mystérieuse mer du Nord et les enfants étaient, quant à eux, tout excités de pouvoir remettre les pieds dans l'eau.

César avait demandé à ses parents si Jules pouvait les accompagner et, trop heureux que leur fiston se soit déjà fait un ami, ils avaient immédiatement accepté.

Les retrouvailles des deux couples furent joyeuses.

Après que les hommes se furent profusément tapoté le dos, Emilio avait pris un peu de recul.

— Laissez-moi donc vous regarder ! leur avait-il alors lancé avec la voix d'un père n'ayant plus vu ses enfants depuis une éternité, malgré les trois petites années qui le séparaient seulement de Fernando.

Ils s'étaient examinés un court instant.

— Vous n'avez pas changé ! s'exclama Emilio, avant de resserrer son ami dans les bras.

— Vous non plus ! fit alors Simonetta qui éprouva une petite gêne, certes très chrétienne, d'avoir été obligée de mentir.

Quelque chose dans leur regard est différent, pensa-t-elle tout en s'étonnant de l'apparition précoce de leurs cheveux blancs.

Emilio et Maria, qui avaient quitté la Sicile six ans auparavant, avaient eu le temps de connaître Cesario, mais pas sa petite sœur qui logeait alors encore dans le ventre de sa mère.

Le couple, qui avait toujours voulu plus que tout être parents, n'avait malheureusement pas eu la chance de pouvoir donner la vie.

« Même nos démarches d'adoption n'aboutissent nulle part », avait dit un jour Emilio à Fernando au cours d'une de leurs communications téléphoniques.

Sujet donc très sensible que Fernando et Simonetta n'osaient jamais aborder ; ils attendaient toujours que Maria et Emilio le fassent pour leur prêter une oreille attentive.

« Que pouvons-nous faire d'autre ? », se disaient-ils, profondément attristés pour leurs amis.

La vue des trois enfants fut dès lors pour Maria et Emilio un troublant mélange de délices et de douleur, surtout quand ils virent l'ami de Cesario. Le petit Jules leur était en effet apparu à la seconde où il avait passé le seuil de la porte de leur maison comme l'incarnation même du fils qu'ils auraient tellement voulu avoir… Et, la vie étant parfois bien faite, le couple fut tout aussi instantanément pour le jeune garçon l'image exacte des parents qu'il s'était créée dans sa folle imagination.

Ce 1er novembre restera dès lors à jamais gravé dans la mémoire de Jules, qui l'entourera d'ailleurs au marqueur rouge sur son calendrier. *Même si*, s'était-il dit, *cette date ne faisait pas partie de celles très compliquées à retenir*. C'est ainsi que cette fête de la Toussaint représentera à l'avenir pour le garçon celle de sa résurrection.

Les journées ou vacances que les Faratelli iront ensuite passer chez Maria et Emilio ne se feront donc que très exceptionnellement sans Jules qui, une fois à la mer, sortira des peines de son chapeau afin d'avoir l'occasion de se faire cajoler, ce que Maria ne tardera jamais à faire avec une joie non dissimulée.

Emilio allait, pour sa part, adorer apporter sa touche au tableau en jouant le rôle du mari jaloux.

— Dis donc, fiston ! Sais-tu que c'est propriété privée ? lui dira-t-il souvent en ébouriffant ses cheveux.

— Mais laisse-le donc tranquille, le petit ! lui répondra-t-elle à chaque fois avec un air faussement furieux, tout en serrant encore un peu plus fort l'enfant contre son buste généreux.

Depuis sa rencontre avec César, Jules n'en revenait pas : tout semblait lui réussir ! Il en oubliait presque certains jours la grande malchance d'avoir de si pitoyables parents.

Quand il pensait à Fernando, Simonetta, Emilio et Maria, et à l'ami que représentait déjà pour lui César, il lui semblait avoir gagné à la loterie.

Si de telles choses me sont arrivées… pourquoi pas d'autres dans l'avenir !? se disait-il bien souvent. Ces rencontres lui avaient donné la foi.

« Bon, allez, on peut dire que tu t'es rattrapé comme tu pouvais ! », lui arrivera-t-il de dire au Seigneur, convaincu que le Tout-Puissant avait de l'humour.

Maria et Emilio, après les chaleureuses embrassades, avaient décidé de leur faire visiter la maison.

— Nous allons en faire une chambre d'amis, avait dit Maria en montrant la deuxième pièce à l'étage, avec une pointe de tristesse que Fernando et Simonetta ne manquèrent pas de relever. On vient d'ailleurs de commander un lit… double, bien sûr ! ajouta-t-elle en touchant le bras de Simonetta.

Emilio, afin de faire oublier à son épouse la boîte en carton du berceau qui traînait dans un coin de la chambre, se dirigea vers la fenêtre, en écarta le voile et fit un geste à l'attention des enfants.

— Venez donc voir par ici ! leur somma-t-il en leur faisant un clin d'œil.

Tous les trois se précipitèrent et Emilio pointa son index sur la vitre.

— Et c'la, ce sera la vôtre ! leur dit-il d'une voix enjouée en leur montrant la caravane qui trônait dans leur petit jardin.

Jules l'interrogea du regard.

— Mais bien sûr que tu es le bienvenu, fiston ! fit-il en posant une main paternelle sur son épaule.

Les trois enfants s'étaient ensuite regardés, déjà très impatients et excités de pouvoir y être. Puis, ils étaient tous redescendus pour passer à table.

— Tu as vu les choses en grand, Maria ! s'était alors exclamée Simonetta face au plantureux déjeuner que leur amie leur avait préparé.

Et c'est ce jour-là, tandis que d'autres saluaient leurs morts, que les Faratelli apprirent la manipulation du pistolet. Emilio, après leur avoir bien expliqué que, sans la fente, ce petit pain belge ne pouvait en être un, leur montra comment l'ouvrir pour retirer la mie et y fourrer les crevettes grises qu'ils avaient dans leurs assiettes.

— Il y a aussi la mitraillette qui fait partie du patrimoine alimentaire ! leur lança Jules avec une voix amusée qui se voulait empreinte de suspens, tout en saisissant son bol de lait.

Les quatre Faratelli l'avaient regardé boire, dans l'attente d'une explication.

— C'est une préparation culinaire très populaire en Belgique que l'on trouve dans les friteries et les snacks, leur expliqua alors Emilio.

Il adressa ensuite un petit sourire de connivence à l'attention de Jules qui venait de déposer son bol et qui prit tout de suite la relève en expliquant aux Faratelli que c'était une demi-baguette avec de la viande, des frites et de la sauce, en s'abstenant de leur confier qu'il était coutumier de ces préparations rapides.

Simonetta s'étonna des noms que les Belges donnaient à leurs spécialités, mais n'osa pas faire part de sa stupéfaction : la honte qu'elle avait connue dans la cuisine à Castelrosa face à son mari qui lui avait parlé des couteaux que les enfants utilisaient comme monnaie d'échange sur les plages du Nord venait de lui revenir en mémoire.

— Eh bien, tu as un bon coup de fourchette, mon petit ! sortit tout à coup Maria à Jules qu'elle avait placé à sa gauche.

— C'est sûr qu'il vaut mieux l'avoir en photo qu'à table ! répliqua Fernando qui, installé de l'autre côté de la maîtresse de maison, s'était penché pour faire un clin d'œil plein d'affection à l'attention du nouvel ami de son fils.

— Ta maman ne te donne donc pas à manger ? rajouta Maria avec humour, tout en lui passant une main tendre dans les cheveux.

Personne n'était alors au courant du triste contexte familial du petit Jules.

— Votre omelette est trop bonne, madame ! fit-il alors en guise de réponse, n'ayant aucune envie, en cette belle journée, de penser à sa misérable mère.

— Merci, mon bonhomme ! fit-elle en le serrant un instant tout contre elle. Mais sache que mon prénom est Maria et que tu es prié de bien vouloir m'appeler ainsi ! lui avait-elle ensuite ordonné en repassant une main tendre dans sa crinière déjà bien ébouriffée.

— D'accord, madame, lui répondit-il en remettant une de ses mèches en bonne place.

La tablée avait éclaté de rire et les conversations avaient ensuite repris dans le cliquetis des verres et des couverts.

Maria et Emilio s'étaient bien sûr étonnés de l'incroyable concordance des prénoms des garçons.

— On peut vraiment dire que vous étiez faits pour vous rencontrer ! leur avait lancé Emilio, amusé. À vous deux, vous allez être imbattables !

— C'est ce que j'ai dit à César la première fois que je l'ai vu ! s'écria alors Jules, sidéré par les propos d'Emilio.

Cesario avait souri à son nouvel ami en repensant à leur rentrée scolaire et Emilio fut de plus en plus convaincu qu'il avait devant lui le fils qui lui avait toujours tant manqué.

Après ce joyeux repas, les adultes avaient décrété qu'une promenade digestive sur la plage leur ferait à tous le plus grand bien et c'est avec un empressement tout particulier que les trois enfants s'étaient mis à aider la maîtresse de maison à débarrasser.

— Je ne leur ai jamais connu un tel engouement ! chuchota alors Simonetta à l'oreille de son amie, un sourire dans la voix.

Une fois tous réunis dans le vestibule, Maria conseilla vivement à chacun de bien fermer sa veste.

— Maria a raison ! poursuivit Emilio. Le vent marin de ce littoral a parfois le grand pouvoir de s'infiltrer.

Les deux hommes s'étaient souri et Simonetta s'était accroupie pour s'occuper de la fermeture Éclair de sa petite Albertina, tandis que Maria s'était précipitée pour en faire de même avec Jules qui, nullement gêné de passer pour un assisté, se laissa dorloter sans aucun désir de l'arrêter ou même de faire le moindre trait d'humour.

Emilio envoya un « Qui m'aime, me suive ! » et, après avoir fermé la porte de leur petite maison à double tour, le couple avait donc fait découvrir aux Faratelli ces plages du Nord dont il s'était bien gardé de leur dire qu'elles étaient entrecoupées de brise-lames afin d'en rajouter à l'effet de surprise.

Tandis que les trois enfants s'étaient mis à courir sur le sable avec Fernando et Emilio, qui avait pris soin d'emporter un cerf-volant aussi coloré que leur Sicile, Simonetta, au-delà du fait qu'elle était charmée par cette bien sombre mer, ne put s'empêcher d'évoquer avec Maria leur chère terre natale avec une voix empreinte de nostalgie.

Après avoir passé deux bonnes heures sur la plage, Emilio et Maria avaient décidé de les emmener chez le glacier.

— Pour reprendre des forces pour le cuistax, leur avait dit Emilio.

Les Faratelli l'avaient à nouveau regardé, perplexes.

— C'est une sorte de pédalo sur route, leur expliqua-t-il, amusé une fois de plus par l'expression de leurs visages. En France, ils l'appellent « rosalie », certes plus poétique mais moins comique, non !? fit-il en adressant à nouveau un clin d'œil de connivence à Jules.

Même si leurs rires sur le long véhicule furent bien souvent emportés par le vent marin, la joyeuse bande ne fut pas moins remarquée par les promeneurs qui, sur la digue, ne pouvaient s'empêcher de sourire à leur passage, surtout que Jules et César s'étaient mis à leur faire de grands gestes et la petite Albertine à les saluer tel un pape en visite.

Quand la Fiat fut de retour à la conciergerie, il faisait déjà nuit et les parents n'eurent pas le courage, comme ils avaient dû l'avoir quelques instants plus tôt avec Jules devant son immeuble, de réveiller leur fille qui dormait à poings fermés. Fernando la porta donc jusqu'à sa chambre où Simonetta se chargea de la déshabiller et de la border tandis que Fernando aida Cesario à enfiler son pyjama et à grimper sur son lit. Le garçonnet lui avait alors chuchoté un « C'était trop chouette, Papa ! », avec des étoiles de mer plein les yeux.

Les parents avaient ensuite embrassé et signé rapidement le front de leurs enfants. Puis, ils avaient quitté la pièce sur la pointe des pieds et refermé délicatement la porte derrière eux.

Et c'est une fois dans le lit conjugal que Simonetta avoua que, malgré les grandes dissemblances qui existaient entre sa chère Méditerranée et cette mer du Nord, celle-ci avait un certain charme et que son air iodé était des plus vivifiants. Fernando avait souri, ravi que son épouse soit arrivée à un tel constat, puis avait éteint la lampe de chevet.

***

Six mois après leur départ de Castelrosa, Simonetta s'était fait une amie à la supérette du quartier.

Marylou, qui y tenait la caisse, était la parfaite antithèse de Simonetta. Tout en effet les différenciait. Marylou était aussi exubérante, drôle, libérée et dépourvue de distinction que Simonetta était discrète, pudique, remplie de grâce et bien souvent coincée. Pourtant, la magie entre ces deux femmes avait bel et bien opéré.

Simonetta lui avait fait un jour remarquer qu'elle lui rendait trop d'argent en se permettant exceptionnellement de faire « un brin » d'humour.

— Je ne voudrais pas être la cause du trou dans votre caisse, lui avait-elle dit en lui tendant le billet de trop, avec son accent italien qui charma immédiatement Marylou.

Stupéfaite face à une telle honnêteté, la jeune femme lui avait proposé le jour suivant d'aller boire un café pour la remercier.

— Je ne travaille pas ce samedi, lui avait-elle précisé.

Simonetta, qui ne faisait pas le ménage chez les Van Molsen le week-end, avait d'abord refusé en lui disant qu'elle considérait qu'il n'y avait rien de plus normal et ne voyait donc aucune raison d'être remerciée pour une si petite chose.

Marylou avait insisté.

— Et si je vous dis que ça me ferait plaisir?

C'est donc ainsi que Simonetta avait fini par accepter... Même s'il faut préciser que la joie de vivre de Marylou avait été pour elle comme un vent de fraîcheur, un appel du large auquel elle n'avait pas eu trop envie de résister.

J'ai rarement rencontré quelqu'un qui dégage tant de chaleur humaine. Cela me changera de Mme Van Molsen, avait-elle pensé avant de proposer à la jeune femme de venir prendre ce café à la conciergerie.

— J'ai deux enfants qui ont encore besoin de moi, lui avait-elle dit afin de la convaincre.

— J'apporterai des gâteaux! lui avait-elle simplement répondu.

Un peu plus jeune que Simonetta, Marylou ne connaissait que des déboires amoureux et avait l'art de les raconter, ce qui fera bien souvent sourire, et même rire, la sage et pudique Simonetta. Et Marylou se sentait, elle, terriblement touchée par la profonde humanité et la sagesse de sa nouvelle amie. Elle lui demandera bien souvent des conseils que Simonetta lui donnera toujours de bon cœur.

— Mais un conseil vaut ce qu'il vaut ! Il n'est pas fait pour être suivi, il est juste là pour ouvrir des portes, ma chérie ! finira presque à chaque fois par lui dire Simonetta.

— T'inquiète ! Tu m'aides juste à essayer d'y voir plus clair ! lui répondait-elle alors de son sourire bien souvent trop plein de rouge à lèvres.

Une autre grande qualité de Marylou était bien la générosité. Certains disaient même de cette dernière qu'elle frôlait parfois la bêtise. C'était pourtant mal connaître Marylou qui, quand il ne s'agissait pas de ses amours, faisait preuve, au contraire, d'un bon sens qui manquait parfois à d'autres.

Certes, Fernando avait été, la première fois, assez surpris de découvrir une femme telle que Marylou en compagnie de Simonetta mais, tout comme elle, il l'avait très vite appréciée. Et, surtout, il s'était senti heureux et soulagé que sa bien timide épouse se soit fait une amie.

***

« Juillet fait souvent grise mine dans notre pays », avait dit Marylou à Simonetta lors de leur première rencontre. Mais ce jour-là, le temps semblait vouloir imiter celui de la Sicile.

Fernando avait gagné un petit montant à la Loterie Nationale et avait demandé à Mme Van Molsen de pouvoir emmener Gaëtan et Gwendoline à la Foire du Midi. Jules n'avait pas pu les accompagner mais, malgré le grand absent, les quatre enfants étaient au comble de la joie. Une agitation frénétique s'était littéralement emparée d'eux. Même Fernando et Simonetta avaient les yeux écarquillés devant l'ampleur de ce qu'ils avaient pensé n'être qu'une grande kermesse.

Fernando, qui s'était laissé pousser la moustache afin de se donner une apparence d'autorité à la pizzeria, avait tiré à la carabine et avait fait autant la fierté de Simonetta que le bonheur d'Albertina.

«On dirait un hidalgo!», avait chuchoté Simonetta à l'oreille de Marylou, avant d'essuyer les mains collantes de barbe à papa d'Albertina, qui s'était mise à sautiller à l'idée de pouvoir bientôt serrer dans ses bras l'ours en peluche que son père venait de remporter.

Après avoir passé de nombreuses heures à pêcher le canard, monter les chevaux en bois ou s'être effrayés dans les trains fantômes et montagnes russes, une légère pluie s'était mise à tomber et le couple Faratelli s'était rapidement concerté.

— Il est temps d'y aller, les enfants ! leur avait ensuite annoncé Fernando en se retournant vers eux et en tapotant sa montre de l'index.

Les quatre visages s'étaient allongés.

— Oh, ne faites pas cette tête! leur dit-il, non sans réprimer un sourire, amusé par la synchronicité de leurs grimaces. Même sans c'la, fit-il en levant un doigt vers le ciel, dans un quart d'heure tout au plus, nous serions partis. On m'attend à la pizzeria!

Mais à peine avait-il achevé sa phrase que Cesario et Gaëtan l'avaient supplié de pouvoir faire un dernier tour d'auto-tamponneuse.

— Allez, Papa! S'il te plaît! demanda Cesario en se trémoussant.

— Oui, s'il te plaît, Fernando ! insista Gaëtan, beaucoup plus calmement, en joignant les mains et en faisant une légère génuflexion.

— Bon, allez ! Encore un et puis on rentre ! C'est bien compris, les garçons ? leur avait-il alors dit en sortant l'ultime billet de son portefeuille.

— Promis ! Promis ! avaient-ils répondu en courant déjà vers le guichet.

Mais comme souvent dans l'existence, à quelques secondes près et avec des « si », le cours des choses aurait pu être changé. À peine s'étaient-ils assis dans leur petite auto, que deux garçons en quête d'une nouvelle cible foncèrent vers Gaëtan, le percutèrent violemment de face, et la tête de l'enfant partit vers l'arrière avant de s'écraser sur le volant. La circulation fut arrêtée net. Du sang avait recouvert une partie du visage et du tee-shirt de Gaëtan. Seul Mike Brant, qui continuait à fredonner *Je vais t'aimer*, semblait ne pas vouloir s'en soucier.

Pendant que Fernando, Gwendoline et César s'empressaient de rejoindre Gaëtan, Marylou passa une main réconfortante dans le dos de Simonetta qui, complètement affolée, les mains sur son visage, venait de crier, contrairement à ses habitudes, un « Mon Dieu ! Oh, mon Dieu ! Ce n'est pas possible ! »

— Ne vous inquiétez pas, madame ! lui lança alors le guichetier. Pour chance, l'hôpital Saint-Pierre est juste à côté ! On l'a appelé et les secours ne vont pas tarder !

La sirène se faisait en effet déjà entendre. « Avec cette Foire du Midi, ils sont comme des soldats prêts au combat », marmonna un gros monsieur à sa voisine, en se léchant les doigts pleins de glace. Deux minutes plus tard, l'ambulance se frayait un chemin parmi l'attroupement de curieux.

Tandis que Fernando fumait sa Gitane sur le parking des urgences, Simonetta, la voix brisée par l'émotion, essayait d'expliquer à sa patronne au téléphone l'accident de Gaëtan.

— Arrêtez donc, Simonetta, de parler comme une vache espagnole ! Je ne comprends absolument rien à ce que vous dites ! hurlait Henriette à l'autre bout du fil.

Simonetta ne trouvait pas les mots, le français et l'italien se mélangeaient dans sa tête.

Marylou, qui avait entendu l'horrible propos d'Henriette et voyait l'embarras de sa nouvelle amie, dut faire de gros efforts pour ne pas lui prendre le combiné, sachant, et à raison, que ce n'était point son rôle et que cela ne ferait qu'envenimer la situation. Elle courut donc chercher Fernando, qui écrasa sur-le-champ sa cigarette. Simonetta lui avait alors passé, tremblante, le téléphone et un infirmier s'était approché d'elle un verre d'eau à la main.

— Prenez ceci, madame ! lui dit-il en tendant de l'autre un comprimé.

Elle le regarda, sceptique.

— C'est un petit tranquillisant qui vous fera le plus grand bien ! Sinon, je pense que c'est vous que nous allons devoir bientôt prendre en charge ! lui dit-il, un sourire dans la voix.

Il était plus de 20 heures quand la Fiat passa le portail de la propriété. Fernando, après avoir ramené Marylou, déposa les enfants et Simonetta devant la conciergerie, et fit immédiatement demi-tour pour foncer à la pizzeria où on l'attendait depuis deux bonnes heures.

Dans le salon, Henriette, furieuse, chapitra sa femme de ménage comme si elle n'était qu'une gamine et clôtura son sermon par un :

— Vous n'êtes qu'une irresponsable ! Et vous pouvez vous estimer bien chanceuse que je ne retire pas de votre salaire le montant non remboursable par la mutuelle !

Simonetta baissa la tête et, les lèvres tremblantes et le regard humide, courut vers la cuisine où elle se mit à sangloter sur une chaise. Gaëtan, qui avait tout entendu, était alors entré dans la pièce.

— Mais arrête de pleurer, Simonetta. Ce n'est pas bien grave. Bientôt, tout sera arrangé et je peux te promettre que ce n'est pas ça qui va ruiner mes parents ! Et puis, ce n'est quand même pas de votre faute s'il y en a deux qui se sont cru sur le circuit de Francorchamps, lui dit-il en posant une main sur son épaule.

Les sanglots de Simonetta se calmèrent enfin et il avait immédiatement poursuivi :

— Gwendoline et moi avons passé la plus belle journée de notre vie ! Ce n'est donc pas cher payé ! fit-il en pointant du doigt l'espace de sa dent manquante.

Simonetta hésita entre rire et pleurer.

Avec son mari, ses enfants et Marylou, les jumeaux Van Molsen étaient ses rayons de soleil et elle pensa une fois encore qu'il n'était pas sûr qu'elle eût pu tenir le coup sans eux dans cette maison. Le cœur plus léger, elle essuya ses larmes et se décida enfin à se lever pour aller rejoindre Cesario et Albertina qui l'attendaient pour dîner à la conciergerie.

***

La fin des vacances scolaires d'été approchait à grands pas et Albertine se sentait tout émoustillée à l'idée de sa prochaine rentrée en première année primaire dans la même école que Gwendoline.

César avait invité une fois de plus Jules à dormir, et Gwendoline avait fait de même avec son amie Martine.

Afin de profiter des derniers jours de cette relative liberté et de l'exceptionnelle douceur de l'air, les six enfants avaient décidé de faire une partie de cache-cache nocturne dans le jardin après leurs dîners respectifs.

Ils avaient donc englouti leur repas puis s'étaient retrouvés sur le perron de la maison, où Gaëtan s'était mis à expliquer les règles du jeu à l'amie de sa sœur.

— Une seule personne se cache et tous les autres doivent la chercher. Le premier qui la trouve se planque avec elle et ainsi de suite. À un moment donné, il n'en restera donc plus qu'une qui cherchera toutes les autres.

— Mais cela doit être effrayant ! s'exclama Martine, la peur au ventre d'être cette dernière.

Elle habitait seule avec sa mère dans un studio et l'idée de l'être dans ces grands espaces sombres la terrifiait.

— Mais c'est cela qui est amusant ! répliqua Gaëtan, qui adorait les sensations fortes.

Ils tirèrent au sort et ce fut Albertine qui dut aller se cacher.

— Vous comptez bien jusqu'à trente ! insista-t-elle en pointant son petit doigt vers eux, avant de courir se dissimuler derrière le buisson près du cabanon.

Gaëtan fut le premier à découvrir sa tanière et, à peine accroupi à côté d'elle, ouvrit la bouche. Albertine posa directement un index sur ses lèvres en lui soufflant un « chut ! » au visage, mais Gaëtan ne respecta que quelques secondes son injonction.

— Quand nous serons grands, tu m'épouseras, Albertine ? lui chuchota-t-il en regardant le gazon.

— J'aurai une robe de princesse? lui demanda-t-elle encore plus bas, tout en refaisant un de ses lacets défaits.

— Toutes celles que tu voudras !

— Et un diadème ? lui demanda-t-elle en relevant cette fois son joli petit visage vers son ami.

Gaëtan hocha la tête.

— Je te donnerai tout. Tout jusqu'à mon dernier sou ! bredouilla-t-il.

— Alors c'est oui. Mais ce ne sera pas pour ton argent ! Dans ma famille, on ne fait que des mariages d'amour, m'a raconté Papa. Je t'aime bien et puis la tenue de princesse me suffit, avait-elle eu juste le temps de chuchoter.

Le bruissement de leurs messes basses avait mis la puce à l'oreille de Jules qui fut très rapidement suivi comme il se doit par César.

Gwendoline et Martine restaient donc les seules à devoir les trouver.

Elles s'étaient croisées à l'arrière de la maison et Gwendoline avait accepté de former un binôme avec son amie, trop effrayée qu'elle était par les ombres des arbres provoquées par la lueur de la lune.

Martine lui avait pris la main et Gwendoline en avait profité pour lui faire la même demande que son frère avait énoncée quelques instants plus tôt à la petite Albertine, et avec la même discrétion que leur avait imposée leur cachette.

— Mais les femmes ne se marient pas entre elles ! lui murmura Martine, très étonnée que son amie puisse ignorer une telle chose.

— Oh, tu verras, ce sera un jour le cas ! lui assura-t-elle sur le ton d'une diseuse de bonne aventure.

Martine avait ri et soulevé ses épaules en levant les yeux vers le ciel fortement étoilé.

— Tu es complètement folle !... Et c'est pour cela que je t'aime ! ajouta-t-elle avec une voix chargée de tendresse, tout en lui reprenant la main.

Avant de continuer leurs recherches, Gwendoline se retourna encore un instant vers elle.

— Mais promis craché juré que tu ne répéteras jamais à personne ce que je viens de te demander ?

Martine en fit la promesse et, par amitié pour Gwendoline, envoya directement un crachat sur les roses d'Henriette.

La nuit suivante, Gaëtan, après avoir pris la pelle dans le garage, alla creuser un trou au fond du vaste jardin et y enfouit un sac en plastique qu'il avait pris soin de fermer d'un nœud bien serré.

Celui-ci comportait une boîte métallique entourée d'adhésif dans laquelle une grande feuille à carreaux de son nouveau classeur était pliée et où, de son écriture encore enfantine, Gaëtan avait inscrit : « 26 août 1971. Quand je serai grand, je serai le mari d'Albertine. »

Il avait ensuite remis son outil de jardinage en bonne place avant de rejoindre son lit où il s'endormit avec la sérénité du bienheureux. À la vitesse d'un éclair.

***

Les enfants Van Molsen tenaient leur gémellité de leur mère.

Henriette et son unique sœur Liliane avaient en effet, tout comme eux, vécu pendant huit mois ensemble dans les entrailles maternelles et, tout comme eux aussi, étaient le fruit de deux ovocytes et de deux spermatozoïdes bien distincts. Mais, contrairement à Gaëtan et Gwendoline, les frangines avaient été rapidement diagnostiquées aussi différentes que l'eau et le feu.

Après trois mois de vie «extra-utérine», Liliane fut effectivement décrétée aussi jolie et délicate que leur mère tandis que tout le monde se prêta à dire qu'Henriette avait hérité du physique et du tempérament paternels.

Mais les défauts qui peuvent donner un certain charme aux hommes, et parfois même un charme certain, nous le savons tous, n'en donnent que très exceptionnellement à la gent féminine. Manque de chance pour Henriette.

Liliane avait, en ces temps reculés, adoré son aînée et avait souvent été pleurnicher dans les jupes de sa mère que ses sentiments ne semblaient pas réciproques.

— J'comprends pas, Maman ! Moi, je l'aime, Henriette ! lui disait-elle avec un visage déconfit.

Marie-Chantal n'osa jamais lui expliquer que la nature avait bien mal fait les choses pour sa jumelle, et la ravissante petite Liliane était donc restée mortifiée face à ce qu'elle pensait naïvement être de l'indifférence.

Quant à Henriette, bien qu'elle ait hérité de l'intelligence de Pierre-Yves, son père, cela ne l'empêcha pas de s'embourber un peu plus chaque jour dans les méandres de la jalousie. Celle-ci allait en effet lui manger progressivement les neurones sans que rien ne puisse jamais arrêter le perfide processus.

Certes, elle avait pu réaliser que plus elle se montrait cruelle envers sa sœur, plus l'amour de ses parents pour cette dernière grandissait. Pourtant, rien n'y fit. Elle s'emberlificota complètement dans les ficelles de son cercle vicieux.

Et ce qui aurait pu être un pur moment de bonheur pour elles un certain mardi 8 mai 1945, veille de leurs neuf ans et jour de liesse pour une très grande partie de l'Europe, prit bien vite la tournure d'un énorme et interminable cauchemar.

Henriette avait creusé ce jour-là d'un seul et unique geste sa propre tombe ainsi que celle de sa jumelle.

Tandis que la foule hurlait et faisait la fête dans les rues, folle de joie d'avoir appris qu'elle n'aurait plus à entendre les bottes des Allemands, Pierre-Yves et Marie-Chantal étaient quant à eux effondrés de chagrin.

Henriette, dans un élan de rage, avait aspergé d'encre la robe préférée de sa sœur qu'elle venait de choisir pour les festivités, et la ravissante Liliane, les yeux remplis de larmes, s'était enfuie, cette fois totalement effarée par ce qu'elle dut alors bien reconnaître comme un aveu de haine. Quelques secondes plus tard, elle faisait dans le large escalier en pierre du château une terrible chute qui s'avéra fatale. Liliane vivait en effet, depuis, dans une chaise roulante. Dans l'impossibilité de bouger et même de parler, sa beauté était devenue rapidement un lointain souvenir. Pourtant, à la grande stupéfaction d'Henriette, ses parents n'arrêtèrent pas de lui porter de l'attention. « Bien au contraire, elle est même plus vive que jamais ! » put-elle constater, furieuse.

Même si Marie-Chantal et Pierre-Yves ne connurent jamais les raisons d'une telle maladresse de la part de leur Liliane (je parle ici, bien sûr, de l'encre sur sa robe), il est vrai qu'à partir de cette tragique journée, l'aînée n'exista plus du tout. De moche, elle était passée à transparente. Du moins jusqu'au jour où il fut question de la marier.

Certes, Henriette avait tenté d'éviter d'unir sa vie à celle d'Herbert qu'elle avait trouvé d'emblée repoussant mais, face à l'insistance de ses parents, elle avait fini par abdiquer en se disant que ce n'était qu'une suite logique de son triste karma.

Ou encore une punition du ciel, avait-elle aussi pensé après ses très rares éclairs de culpabilité.

Et, depuis ces tristes noces, Henriette avait de surcroît reçu comme tâche de s'occuper une fois par semaine de sa sœur afin que ses parents puissent se retrouver en tête-à-tête le temps d'une journée… parfois même une semaine entière quand ils éprouvaient le besoin ou l'envie de s'évader. Prise entre un soupçon de malaise, beaucoup d'agacement et un restant de vieille hargne, elle lui donnait donc entre autres la becquée et se morfondait dans le même temps sur sa triste vie. Les oreilles de Liliane n'ayant subi aucun dommage, Henriette avait donc l'assurance que ses confidences ne tombaient pas dans celles d'une sourde, mais surtout celle que ses plaintes ne connaîtraient pas la moindre fuite. Autant en profiter! se disait-elle, n'ayant nullement l'envie de dépenser l'argent de son mari en allant s'épancher chez un psy.

Que pourrait-il d'ailleurs m'apporter ou changer à ma vie? Autant utiliser ces montants à autre chose! se disait-elle justement pour la énième fois quand Gaëtan et Gwendoline firent irruption dans la pièce.

— Bonjour Tante Liliane! crièrent-ils en chœur avant de venir l'embrasser tendrement, chacun sur une joue.

— Ça va? lui demandèrent-ils comme ils en avaient coutume, afin de lui donner quelque peu l'impression de faire partie du monde des vivants.

Henriette les repoussa, comme toujours, d'un geste de la main en s'énervant sur les crasses qu'ils étaient tous deux en train de lui faire faire. Leur Tante Liliane avait en effet bavé, comme à chaque fois que son neveu et sa nièce venaient la saluer et, comme à chaque fois aussi, les jumeaux perçurent dans la grimace qu'elle fit ensuite quelque chose qui ressemblait à l'esquisse d'une manifestation de bonheur.

— Déjà que j'ai du mal à viser, je n'ai nullement besoin de vos simagrées ! Et vous savez quand même bien qu'elle ne peut pas vous répondre ! leur lança Henriette, très agacée, en levant les yeux vers le plafond et en les priant de bien vouloir sortir au plus vite de la cuisine.

Ils avaient à nouveau embrassé affectueusement leur tante et, après lui avoir tapoté tout aussi gentiment l'épaule, lui firent un clin d'œil pour lui dire : « On est de tout cœur avec toi ! » Ils avaient ensuite été prendre de quoi grignoter dans le Frigidaire et étaient sortis avec nonchalance de la cuisine.

***

Gaëtan et Gwendoline, tout comme Jules et César, allaient avoir douze ans, et jamais encore les trois premiers n'avaient pu connaître les joies d'une fête d'anniversaire digne de ce nom.

À part, depuis qu'ils étaient en âge de le faire, souffler une grosse bougie en binôme pour les jumeaux, comme pour sceller une fois de plus leur gémellité et leur si belle entente, et un gros billet donné, certes affectueusement, à chacun d'eux par leur grand-père paternel, accompagné de quelques babioles de leurs parents et autres grands-parents (qui avaient, eux, pour excuse de ne pas avoir les moyens financiers d'Auguste Van Molsen et de sa très chère épouse, ni d'ailleurs de leurs enfants), chaque année passait comme si elle ne comptait pas vraiment.

Quant à Jules, vous l'aurez certes deviné, son cas était encore bien moins enviable que celui des enfants Van Molsen. Son père ne se rappelait jamais le jour de la naissance de son fils, pourtant unique, et sa mère, lorsqu'il lui arrivait de s'en souvenir, lui donnait un gros et long bisou en s'accrochant à lui comme à un pilier. Elle lui sortait alors un « Bon anniversaire, mon chéri », en lui offrant dans la foulée ses parfums alcoolisés et parfois, selon son état, descendait à la librairie du coin acheter son journal préféré.

Il en sera ainsi pour Jules jusqu'à sa majorité. Elle n'avait jamais intégré que, depuis que son fils avait appris que le *Pif Gadget* était un magazine communiste qui allait à l'encontre des parutions de la presse catholique, il ne voulait plus entendre parler de ce « torchon », comme il se plaisait depuis lors à le nommer.

Il ouvrira donc à chaque fois le sachet, à partir de cette effroyable découverte, en s'intéressant un instant distraitement au gadget avant de se dépêcher d'aller mettre la revue sous son lit, tenir compagnie à celles déjà reçues.

Depuis la fameuse journée à Blankenberge, le Seigneur et lui, c'était devenu une affaire très sérieuse et il ne désirait en rien trahir ou blasphémer celui qui s'était tant rattrapé.

Savoir les anniversaires des trois enfants aussi peu fêtés fendait le cœur de Simonetta qui décida, cette année 1975, de marquer le coup.

Elle en discuta avec Fernando qu'elle n'eut pas à convaincre ; leur conversation consista seulement à savoir comment ils allaient s'y prendre pour en parler à Henriette.

Les anniversaires des jumeaux, de Jules et de César étant très rapprochés, ils avaient trouvé la date idéale pour réunir tous leurs amis ainsi que Maria, Emilio et Marylou, et avaient fixé le samedi suivant pour aller en parler ensemble à Henriette, afin de donner plus de poids à leur requête.

Il était 17 heures quand ils toquèrent à la porte du salon.

— Oui, Simonetta, vous pouvez entrer ! purent-ils alors l'entendre dire sur un ton distrait et agacé.

— Bonsoir Madame, lui lancèrent-ils d'une seule voix en rentrant dans la pièce.

Henriette Van Molsen, assise à son bureau, prit étrangement la peine de se retourner, sans doute étonnée par ce chœur inhabituel.

— Oui ? fit-elle, perplexe.

Simonetta s'exprima en premier et Henriette fut stupéfaite de constater chez sa femme de ménage une assurance qu'elle ne lui avait encore jamais connue.

— Bonsoir Madame, avait-elle commencé, la tête haute.

— Vous me l'avez déjà dit, Simonetta ! lui avait alors lancé Henriette, sans doute afin d'essayer de la déstabiliser, voyant dans son aplomb une petite impertinence.

Mais la cause des enfants donnait de la force à Simonetta et elle avait décidé de ne pas se laisser cette fois démonter.

— César, Jules, Gaëtan et Gwendoline vont bientôt avoir douze ans et nous aimerions, Fernando et moi – elle avait cité son prénom afin d'expliquer sa présence –, si vous êtes d'accord, organiser une petite fête avec leurs amis dans le jardin.

Elle avait placé, comme convenu avec son époux, les enfants Van Molsen en dernier dans l'énumération des prénoms, afin de ne pas trop donner l'impression de vouloir se substituer au rôle de mère qu'Henriette était censée tenir.

Henriette tapota son Montblanc sur le bureau le temps de sa réflexion puis le déposa.

— Quand comptez-vous organiser cette petite *fiesta*? fit-elle en prenant son agenda. Et combien d'enfants voulez-vous inviter? rajouta-t-elle en reprenant son stylo.

— Samedi… Pas celui qui vient, mais le suivant… Et une quinzaine de copains… Vingt tout au plus! répondit cette fois Fernando.

— Et vous ne vous attendez quand même pas, j'espère, à ce que je participe aux frais de telles frivolités?

— Non non, Madame, fit-il simplement.

— On s'occupera de tout, poursuivit Simonetta.

Henriette réfléchit à nouveau un instant puis, sans doute saisie par un sursaut d'orgueil, agrippa son sac à main, qui la suivait toujours partout comme un chien fidèle à son maître, y plongea la main, en sortit son portefeuille et en extirpa un billet.

— Voici, pour les limonades. Mais ne me demandez rien de plus! Je n'ai pas pour habitude, je me répète, de dépenser mon argent, ni d'ailleurs mon temps, dans de telles futilités!

— Merci, Madame, fit Simonetta en s'avançant vers elle pour prendre le billet.

Elle avait eu, certes, une grande envie de ne pas l'accepter, mais la peur de vexer sa patronne et de tout faire échouer l'en avait empêchée.

Henriette clôtura ensuite leur entrevue par un :

— Bon et maintenant, j'ai du travail qui m'attend, en se retournant vers son secrétaire.

Fernando et Simonetta se dirigeaient déjà vers la porte du salon quand elle leur lança d'une voix autoritaire :

— Encore une chose !

Ils lui refirent face.

— Si je vois un enfant, un ballon ou toute autre chose abîmer une de mes roses, sachez d'ores et déjà que j'arrêterai sur-le-champ votre petite fête ! C'est bien compris ? fit-elle en pointant son index vers eux.

— Oui, Madame, lui répondirent-ils à nouveau à l'unisson en quittant cette fois rapidement la pièce.

La porte du salon à peine refermée, le couple s'était regardé avec un large sourire, stupéfaits tous les deux de la relative facilité avec laquelle ils étaient arrivés à convaincre Henriette.

Puis ils se serrèrent un très court instant dans les bras, trop impatients qu'ils étaient de pouvoir aller l'annoncer.

***

Les enfants avaient été fous de joie et Fernando avait ri en voyant Gaëtan, Gwendoline, César et Jules sur Simonetta, comme des chatons sur leur mère, après qu'elle leur eut annoncé la fête et que celle-ci serait déguisée, ce que le couple Faratelli n'avait pas cru nécessaire d'annoncer à Henriette.

— Costumée ou pas, qu'est-ce que cela change pour elle ? avait dit Fernando à son épouse.

Étouffée par les baisers, Simonetta dut donc attendre pour sortir le bout de tissu noir et jaune logé dans la poche de sa robe.

— Et j'ai l'intention de confectionner pour chacun une tenue de Dalton... Cela vous irait, les enfants ? fit-elle en brandissant enfin l'échantillon.

Elle voulut ajouter qu'on lui réservait le restant du rouleau jusqu'au lendemain mais ils s'étaient à nouveau jetés sur elle.

— C'est trop super, Simonetta !!! Et ton idée des Dalton est tout simplement géniale ! lui avait dit Gaëtan, excité comme un coucou.

— Vos tailles et la vue de ce tissu m'ont...

Elle n'eut pas le temps de terminer sa phrase qu'Albertina demanda :

— Et moi, Maman ?

— Ma Dalton, cela t'irait, ma puce ?

Sa fille lui avait fait un grand sourire en hochant énergiquement la tête, très amusée de pouvoir être, le temps d'un après-midi, la mère des quatre plus grands.

***

Le week-end qui précéda la petite fête d'anniversaire, Marylou était venue aider son amie à confectionner les tenues. Elle avait été sa petite main en se chargeant de découper les tissus préalablement tracés à la craie par Simonetta et s'était ensuite occupée de l'épinglage et du faufilage.

Pendant que Simonetta travaillait sur la machine à coudre, elles discutaient de tout et de rien, comme elles en avaient l'habitude.

Et, comme de coutume aussi, le samedi qu'elles passèrent ensemble fut extrêmement joyeux. Le temps avait été ensoleillé et elles avaient œuvré comme des fourmis, les fenêtres de la conciergerie grandes ouvertes sur un fond de musique italienne.

— Tu te souviens, Simonetta, que je t'ai parlé d'Yvonne ? lui avait tout à coup demandé Marylou.

Simonetta s'était retournée un instant vers son amie, perplexe.

— Une de mes anciennes collègues, celle qui a un mal fou à joindre les deux bouts, mais continue à faire des enfants coup sur coup.

— Ah oui ! lui avait répondu Simonetta après avoir retiré une épingle de sa bouche.

— Eh bien, elle est venue me trouver ce matin pour m'annoncer, avec un petit air qu'elle voulait un rien honteux, qu'elle était à nouveau enceinte ! Je savais, bien sûr, que c'était pour une énième demande d'argent, mais j'ai écouté sa plaidoirie jusqu'au bout sans broncher. Et ensuite, malgré mes dix ans de moins au compteur, je l'ai regardée comme un parent interrogeant son petit pour lui faire prendre conscience de l'absurdité de la chose. « Dis, Yvonne, cela ne te coûterait pas moins cher de prendre la pilule ? », lui ai-je alors sorti en mettant un coude sur la table.

Et une fois encore, la très pieuse Simonetta s'était surprise d'avoir ri tandis que Fernando, qui était alors entré dans la pièce, s'était mis, lui, à applaudir des deux mains, un petit sourire au coin des lèvres.

Décidément, avait-il pensé. *Elle choisit peut-être très mal ses amoureux, mais pour le reste, elle a vraiment un bon sens qui manque souvent à d'autres !*

— Et tu lui as passé l'argent? lui avait-il demandé.

— Ben oui ! On ne se refait pas ! Mais, cette fois, je lui ai fait signer une reconnaissance de dettes. Tu vois que je progresse, mon ami ! avait-elle immédiatement ajouté, avec une pointe de fierté.

Le dimanche fut en revanche moins amusant.

Le temps était alors fort gris et Marylou était arrivée avec ses grandes lunettes noires qu'elle surnommait affectueusement ses « Jackie Kennedy ».

Simonetta l'avait regardée, très étonnée.

— Une grosse allergie, lui avait dit Marylou avant qu'elles n'entrent dans la conciergerie pour se mettre au travail.

— Tu es sûre que ça va, Marylou ? lui demanda Simonetta, une fois assise devant sa machine à coudre, en se tournant un instant vers son amie.

— Oui oui, fit-elle, en agrippant un des petits pantalons.

Simonetta avait levé son pied de la pédale qu'elle était prête à enfoncer et s'était approchée de Marylou. Puis, elle s'était accroupie en face d'elle et avait doucement soulevé ses grandes lunettes.

— Je suis tombée dans les escaliers, fit-elle en regardant ses chaussures.

Simonetta resta silencieuse, mais Marylou sut que son amie avait tout compris.

— Mais cela n'arrive que tous les trente-six du mois, Simonetta ! Je te promets ! Cela n'arrive que quand Cédric a trop bu après avoir connu une très sale journée, lui avait-elle alors expliqué.

Simonetta lui avait délicatement mis les cheveux derrière les oreilles comme cela lui arrivait souvent de le faire avec Albertina.

— Tu sais bien que je n'ai pas eu la chance d'avoir connu ma mère, mais je sais par contre, Marylou, que toute fille s'identifie à celle qui l'a mise au monde, parfois aussi pour s'opposer à elle. Et je sais aussi que tu adores la tienne malgré tout ce qu'elle t'en a fait voir. Mais ce n'est pas parce qu'elle n'a pas été très « sélective », pour reprendre ton mot, que tu dois te croire obligée de lui ressembler et de vivre ce qu'elle-même a vécu. Tu es une femme formidable, Marylou ! Et puis, tu dois te mettre dans la tête, ma chérie, qu'aucun homme n'a le droit de lever la main sur une femme ! Tu m'entends ? Aucun ! Même très exceptionnellement !

Les yeux de Marylou s'étaient voilés. Elle avait immédiatement remis ses lunettes et Simonetta était retournée vers sa machine.

— Es-tu certaine de voir clair !? lui avait alors demandé Simonetta, un sourire dans la voix, en se retournant vers Marylou qui, penchée sur son travail, faisait des grimaces de presbyte sans ses lunettes de vue.

— Non, pas vraiment ! fit-elle en retirant ses « Jackie Kennedy », prise cette fois entre rires et larmes.

— Et t'inquiète, pour samedi, on n'y verra que du feu ! Ce matin, j'ai eu l'idée de me déguiser, comme les enfants ! avait-elle dit avant de se mettre à faufiler le pantalon de Joe Dalton... Et t'inquiète, ajouta-t-elle encore, je sais aussi que j'aurai bientôt le courage de quitter Cédric : en fait, il sent vraiment mauvais... au sens propre comme au figuré !

Simonetta avait souri. Elle savait que, tout comme son mari, la parole de son amie était d'or.

Le jour de l'anniversaire, la jeune caissière était arrivée maquillée encore bien plus outrancièrement qu'elle en avait l'habitude et avec un rouge à lèvres d'une couleur plus vive que jamais, la tête coiffée d'une perruque assortie à sa robe.

Tout le monde l'avait applaudie.

— Morticia Addams ! Trop génial !!! avait crié Gaëtan qui semblait ces derniers temps n'avoir que ce mot à la bouche.

Maria et Emilio étaient arrivés de la mer deux heures avant le début des festivités pour pouvoir profiter au maximum de leurs amis et ils avaient apporté un cadeau pour chacun des enfants ; même Albertina, qui allait fêter ses dix ans quelques mois plus tard, avait eu droit au sien.

Jules fut évidemment un peu plus gâté que les autres. Maria et Emilio avaient alors chuchoté aux oreilles de Cesario et Albertina qu'il n'avait pas la chance d'avoir des parents comme les leurs.

Les cris et les rires des pirates, princesses, marins, fées et autres personnages de fiction se firent entendre tout l'après-midi dans le grand jardin.

Simonetta et Marylou avaient aperçu quelques fois Henriette Van Molsen entrouvrir le voile de son salon pour vérifier l'état de son rosier.

— Pauvre femme ! avait alors sorti Marylou à son amie en levant ses yeux vers le ciel azur.

***

Les années coulaient, et Fernando et Simonetta travaillaient toujours autant.

Rien n'avait non plus changé dans la vie d'Henriette, sinon qu'elle avait encore plus de raisons d'en vouloir à son mari : Herbert s'était pris de passion pour le casino.

« Votre onéreuse occupation ! » pouvaient fréquemment l'entendre maugréer Gaëtan et Gwendoline avec un énervement qui frôlait parfois l'hystérie.

« Au lieu de perdre votre temps et notre argent à Namur, vous feriez mieux d'aller le faire dans une parfumerie ! Vous empestez l'after-shave bon marché, Herbert ! Votre odeur est à faire tomber les mouches. Et allez donc aussi dans la foulée vous acheter des chemises à votre taille et des chaussettes dignes de ce nom ! Combien de fois ne vous ai-je donc pas dit que les blanches n'étaient faites que pour le sport !? C'est vraiment à avoir honte de sortir avec vous ! » avaient-ils même pu entendre un jour, derrière la porte du salon.

Herbert, qui allait au minimum trois fois par semaine au casino de Namur, y perdait en effet bien plus souvent qu'il y gagnait.

— Quand il ne traîne pas devant une roulette, il le fait à table dans un resto avec un client, racontait Henriette à ses compagnes bridgeuses.

… *Ou avec une jeune fille à qui il fait espérer des stages ou quelque emploi dans une des sociétés de son père*, s'étaient-elles retenues de lui répondre.

Quant à la joyeuse petite bande, toujours aussi soudée, elle ne connaissait qu'une seule ombre au tableau : les amours d'Albertine. L'adolescente s'était mise à sortir avec un garçon prénommé Antoine qui ne plaisait pas trop aux quatre autres et pas du tout à Gaëtan, qui le regardait souvent d'un œil noir et méprisant.

— Dis donc, Gaëtan, lui avait un jour sorti Fernando en le bousculant du coude, ne serais-tu pas par hasard amoureux de ma fille !? Il ne t'a rien fait à ce que je sache, ce brave garçon !

Gaëtan avait bredouillé :

— Mais non, mais pas du tout ! Elle est comme ma sœur. Je veux qu'il ne lui arrive rien de désagréable. C'est tout !

— Mais arrête alors de le dévisager comme si tu avais des fusils à la place des yeux… Car tu admettras qu'il n'a pas l'air bien méchant ! avait-il vite ajouté avec une moquerie pleine d'affection dans la voix.

Il est vrai qu'il était difficile d'imaginer le jeune Antoine, qui regardait son Albertine derrière des lunettes de myope avec des yeux de merlan frit, la langue presque pendante, lui faire le moindre mal.

— Ouais… Mais je trouve qu'elle mérite tellement mieux ! Je ne sais vraiment pas ce qu'elle lui trouve !

— Il est brillant, gentil, sérieux et complètement fou d'elle… Ce n'est pas négligeable !

— Ouais, avait-il à nouveau marmonné, pas vraiment convaincu par ses arguments. Et l'amour dans tout cela !?

Gaëtan savait la question essentielle pour les Faratelli.

Fernando avait ri de bon cœur.

— Mais que peux-tu savoir de ce qui se passe dans le cœur de ma bien secrète Albertine ?

Et Gaëtan, qui remportait un franc succès auprès des filles, afin de contredire et d'oublier l'allégation de Fernando, avait été une fois de plus s'étourdir dans les bras de l'une d'elles.

Jules, quant à lui, avait établi ses quartiers à la conciergerie.

— Il fait quasi partie des meubles ! avait dit Fernando à Emilio et Maria la dernière fois qu'ils s'étaient rendus à Blankenberge. Nous lui avons même acheté un matelas que nous avons glissé sous le lit d'Albertine, leur avait-il aussi expliqué avant de leur faire savoir que depuis que *Dallas* faisait un tabac à la télévision, sa mère s'était mise à trinquer à un rythme tout aussi effréné.

« Mais t'as vu, mon Jules, comment ce JR la traite ! Il est vraiment capable de tout, ce mec ! Comme ton père : un salaud ! Tu as raison, ma Sue Ellen ! Il n'y a que cela pour oublier ! », zozotait-elle dans son inséparable peignoir en levant son verre vers le petit écran.

Litanies que Jules n'écoutait que d'une oreille distraite, ou même pas du tout, lorsqu'il passait furtivement prendre quelques affaires. De temps à autre, il lui criait « remets mon bonjour à ta copine ! » et claquait froidement la porte de l'appartement. Les années avaient passé et il ne ressentait cette fois plus pour sa désespérante mère ni amour ni pitié.

— Mon pauvre Jules! avait répondu Maria, les larmes aux yeux, en ne pouvant s'empêcher de penser une fois encore que le monde était bien mal fait. J'aurais tellement aimé avoir un fils comme lui! avait-elle à nouveau soupiré tristement, comme chaque fois qu'elle le voyait ou pensait à lui. Et son père?

— Il a toujours une bonne raison pour remettre leurs rencontres aux calendes grecques !

— Il faudrait instaurer un permis pour être parent ! avait maugréé Emilio, avant de boire d'un trait le restant de son verre de rosé, tout aussi scandalisé que l'était sa femme par l'injustice des choses ici-bas.

Marc, le père de Jules, totalement à bout malgré ses rares retours au domicile conjugal, avait quitté épouse et enfant deux ans auparavant pour une petite jeune rencontrée lors de ses pérégrinations professionnelles, et ils venaient de donner une demi-sœur à Jules, qu'ils avaient appelée Jennifer en hommage à une autre série bien connue.

— C'est ma belle-mère qui voulait à tout prix ce prénom. Et si cela avait été un garçon, cela aurait été Jonathan.

Il a vraiment «l'amour du risque», le paternel! Il n'aime que les femmes «à séries» . Qu'il ne vienne pas ensuite se plaindre si elle se met à boire et à avaler des psychotropes! avait-il dit à ses amis en guise de faire-part.

— Certains ont besoin de toute une vie pour comprendre! lui avait rétorqué Gwendoline.

Gwendoline à qui on ne connaissait aucun amoureux.

Ce n'étaient pourtant pas les garçons qui manquaient devant sa porte. Mais elle ne semblait sensible à aucun d'eux. «Elle tient farouchement à sa liberté», disait Gaëtan à ses copains qui s'acharnaient à ne pas vouloir comprendre.

Quant à César, tout comme Jules, il butinait de fille en fille, restait parfois quelques semaines ou quelques mois avec l'une ou l'autre et, tout comme son ami, finissait toujours par se lasser. Il leur arrivait alors parfois de les interchanger.

— Au nom de l'amitié! disaient-ils en levant leur verre de bière du samedi soir.

— Mais quand ce sera du sérieux, pas touche! On est bien d'accord? lui avait sorti César.

— *Of course!* lui avait répondu Jules qui ne pouvait imaginer un seul instant qu'il en soit autrement.

Pour ce qui était de leurs études, à part quelques remarques du genre «Devrait plus se concentrer. Trop la tête dans les nuages. Pas au maximum de ses capacités», annotées sur les bulletins de César, tout se passait plutôt bien pour les cinq, et même très bien pour les deux filles.

César, fou de musique, était enfin arrivé à canaliser son énergie en s'inscrivant à des cours de batterie, et Jules plaçait avec excellence son esprit dans des improvisations théâtrales.

En bref, tout était donc presque parfait pour ce petit monde.

***

C'étaient les prémices de l'automne. Fernando avait oublié son portefeuille et devait impérativement faire quelques courses pour la pizzeria. Il avait attendu la fin du service du midi pour retourner à la conciergerie.

En ressortant de chez eux, il aperçut sa femme dans la cuisine des Van Molsen, le visage penché sur un morceau de papier, qui lui semblait dans un bien drôle d'état et il décida d'aller la trouver.

À peine entré dans la pièce, il vit sur le visage de son épouse qu'elle avait une triste nouvelle à lui annoncer.

Ils se regardèrent un instant silencieusement, sans bouger, puis Simonetta s'approcha de son mari à pas très lents et lui tendit la lettre qui tremblotait entre ses mains.

À la vue de l'écriture fine et saccadée, Fernando comprit aussitôt l'objet de la missive et, après être resté quelques secondes comme paralysé, alla s'asseoir sur une chaise afin de parcourir la lettre d'Amalia, la fille aînée d'Alberto.

Alberto, son parrain, celui qui avait été le meilleur ami de son père et qui lui avait prodigué tant d'affection paternelle depuis la mort brutale de ce dernier, venait lui aussi de décéder. La maladie avait eu finalement raison de lui. Il s'était éteint dans les bras de Carmelia, sa femme, dont les jours étaient aussi comptés.

Simonetta regardait le sol et n'osait lever les yeux vers Fernando. Quand, enfin, elle se décida à le faire, elle vit pour la première fois son mari pleurer. Décontenancée, le cœur serré, elle laissa un instant les larmes couler sur ses joues sans chercher à intervenir. Puis, elle s'avança vers lui, prit tendrement son visage entre ses mains et se mit à l'embrasser par petites touches délicates comme un peintre impressionniste l'aurait fait avec son pinceau.

Après être restés ainsi un moment face à face, sans dire un mot, Fernando regarda sa montre.

— Il est temps que j'y aille ! fit-il alors dans un triste murmure.

Il se leva de sa chaise et alla se planter devant la fenêtre. Simonetta regarda un instant le dos de son époux, ne sachant à nouveau que dire ou que faire, puis se décida à le rejoindre. Et le couple avait contemplé un instant la nature, côte à côte, dans un silence religieux.

Mais ce qu'ils ignoraient alors, c'est que l'un et l'autre firent exactement la même prière : celle que leurs amis en Sicile ne meurent pas avant leur retour, afin qu'ils puissent encore profiter un temps de leur douce présence.

Peut-être verrez-vous ici une étrange association d'idées, mais ce fut bien la pensée que tous deux eurent, ce jour-là, à l'unisson en regardant les premières feuilles des arbres tomber, bien loin de leur terre natale.

***

Un jour, Gaëtan se décida. « Si je ne le fais pas, je le regretterai toute ma vie ! », avait-il dit à son reflet dans le miroir de sa chambre.

Tout avait été bon pour essayer de se donner le courage qui lui manquait et cette dernière stratégie lui avait semblé subitement être la bonne.

« Il faut que je lui parle ! », répéta-t-il ensuite en boucle en faisant des allers-retours entre son lit et la fenêtre. Lui qui avait tant et tant attendu était cette fois fou d'impatience de la voir arriver, envahi qu'il était par la crainte que cet élan de bravoure ne reparte aussi rapidement qu'il était venu.

Les minutes lui parurent une éternité et la grande aiguille de sa montre semblait ne pas vouloir bouger.

Enfin, il la vit s'avancer dans l'allée, ses cahiers dans les bras.

Il fonça vers son miroir, remit ses cheveux en bonne place et descendit presque aussi vite la volée d'escalier. Arrivé devant la porte d'entrée, il s'arrêta net, reprit sa respiration et sortit plus calmement de la maison.

Albertine l'aperçut de loin et lui fit un petit signe de la main qu'il lui renvoya plus mollement qu'il en avait l'habitude.

Plus question de faire demi-tour ! se disait-il tandis que son cœur, qui battait de plus en plus fort, semblait lui demander tout le contraire.

Il était cette fois arrivé devant elle et prit conscience qu'il n'avait absolument rien préparé, qu'il ne savait pas comment s'y prendre pour lui parler.

— Bonjour, Albertine, fit-il alors en voulant apparaître aussi détendu que possible.

— Salut ! lui renvoya-t-elle avant de l'embrasser rapidement.

— Dis, Albertine, je voulais te…

Elle ne lui laissa pas le temps de terminer.

— Oh, désolée, Gaëtan, mais Maman m'attend pour le dîner ! On discutera demain. O.K. ?

— O.K., marmonna-t-il en tâchant de ne pas trop montrer sa déception.

Puis, paniqué de ne plus retrouver son courage, Gaëtan décida de ne pas laisser passer ce moment.

— Je t'ai dans la peau, Albertine ! lui sortit-il alors tout de go.

Albertine se retourna et le regarda avec un sourire amusé.

— Mais tout comme César, Gwendoline et Jules, lui répliqua-t-elle de sa voix douce.

Il s'approcha d'elle.

— Ne fais pas semblant de ne pas comprendre, Albertine ! Cela ne te ressemble absolument pas. Tu sais parfaitement ce que je veux dire... Rien à voir avec notre pacte de sang ! crut-il quand même bon de rajouter.

Elle voulut répliquer, mais à peine avait-elle commencé à ouvrir la bouche que Gaëtan posa un index sur ses lèvres puis, courageusement, lui prit la main pour l'emmener derrière l'arbre qui se trouvait à deux mètres d'eux ; il la plaça délicatement dos au tronc, la regarda intensément dans les yeux et, après lui avoir murmuré un « je ne veux que toi », se pencha pour l'embrasser.

Albertine se laissa faire un court instant puis le repoussa.

Il la regarda avec un air de chien battu.

— Je ne peux pas faire cela à Antoine ! lui dit-elle sur un ton qu'elle voulait plein de fermeté.

— Ne me dis pas que tu l'aimes et que tu te vois passer ta vie avec lui... Je ne te croirais pas ! lui répliqua-t-il avec, cette fois, bien plus d'assurance dans la voix.

« Je ne sais pas, je ne sais plus », avait-elle failli lui répondre. Mais elle reprit sa place de l'autre côté du gros chêne et lui sortit :

— Comment pourrais-tu avoir ensuite confiance en moi si nous commencions une histoire de cette façon ? Tu passerais ton temps à te demander si je ne serais pas capable de te faire ce que j'ai fait à Antoine !

Albertine s'étonna des paroles qu'elle venait de prononcer.

Gaëtan ne répondit rien, mais son cœur en tressaillit de joie. Il avait vu dans les propos d'Albertine une lueur d'espoir.

Au même instant, Simonetta avait ouvert la fenêtre.

— Dépêche-toi, ma chérie, on va passer à table ! lui cria-t-elle avant de rabattre rapidement les châssis.

Albertine posa un bisou sur la joue de Gaëtan, encore plus bref que celui de son bonjour, et s'enfuit vers la conciergerie.

Elle l'avait fait cette fois sans plus se retourner, mais l'espérance qui habita alors le jeune Gaëtan lui fut douce jusqu'à la volupté.

***

Albertine se sentait fort perturbée depuis la courte déclaration de Gaëtan. Et, elle devait bien l'admettre, tout aussi troublée par leur presque aussi bref baiser et le regard qu'il avait porté sur elle.

Sa tête n'arrivait plus à comprendre les méandres de son cœur. Elle ressentait le besoin grandissant de s'épancher et avait donc décidé d'attendre d'être seule dans la conciergerie avec sa mère pour aller la trouver.

Simonetta était en train de repriser une chaussette et d'inaugurer ses premières lunettes quand sa fille entra dans la pièce. Elle le fit si discrètement que sa mère sursauta légèrement quand elle constata sa présence.

— Maman, je peux te poser une question? articula-t-elle alors avec un air timoré.

— Mais bien sûr, ma chérie! lui répondit Simonetta en la regardant par-dessus ses demi-lunes, surprise du ton de sa voix mais surtout d'une telle demande.

— Quand tu as rencontré Papa, as-tu tout de suite su que tu l'aimais?

Simonetta avait souri.

— Oui, à l'instant même où je l'ai vu.

Albertine alla s'asseoir à côté de sa mère.

— Et tu avais la sensation de papillons dans le ventre? lui demanda-t-elle encore presque plus timidement qu'elle ne l'avait fait quelques secondes plus tôt.

— Une envolée! lui répondit-elle, le visage cette fois éclairé par un large sourire et des yeux remplis d'étoiles.

Puis, après un petit moment de silence où sa fille lui parut bien songeuse, Simonetta mit son ouvrage de côté, se tourna vers elle et poursuivit en lui plaçant délicatement ses cheveux derrière les oreilles:

— Pourquoi me demandes-tu cela? Tu n'es pas certaine d'aimer Antoine, ma puce?

— Non, ce n'est pas cela, murmura-t-elle.

Simonetta comprit immédiatement que cette réponse signifiait tout le contraire, comme celles qu'elle avait pu déjà entendre dans la bouche de certains Belges – ce que Fernando dut longuement lui expliquer –, qui avaient l'art de remplacer le «Oui, bien sûr!» par un «Non, peut-être...»

Elle ne voulut cependant pas contredire sa fille. Par stratégie et diplomatie, Simonetta se leva du sofa et ce n'est seulement qu'après avoir commencé à essuyer les verres qu'elle donna suite à leur petite conversation.

— Tu sais, Albertine, ce n'est pas parce que tu es avec lui depuis...

Simonetta suspendit son geste et sembla calculer.

— Dans trois jours, cela fera deux ans, Maman, lui dit-elle avec un air qui ressemblait à s'y méprendre à de la gêne.

— Déjà? fit-elle en la regardant, étonnée du temps qui avait filé.

— Oui, lui répondit-elle en hochant faiblement la tête avant de se lever, elle aussi, pour aller aider sa mère.

— Tu sais, ma chérie, ce n'est pas parce que tu es depuis tout ce temps avec ce garçon que tu dois te croire obligée de voir plus loin avec lui... Je vais peut-être te sortir une banalité, mais il n'y a que les idiots qui ne changent pas d'avis! Tu es encore jeune et tu ne t'es pas promise à lui devant Dieu. Certes, il est gentil, sérieux et intelligent, mais ce n'est pas parce qu'il a tout du gendre idéal que...

Albertine ne la laissa pas terminer sa phrase et lui répondit sobrement:

— Ne t'inquiète pas, Maman! Je ne ferai pas défaut à la tradition familiale. Je ne me marierai que par amour.

Le lendemain, Albertine mettait un terme à ses deux années de relation.

***

Il faisait un temps à ne pas mettre un chat dehors. Il tombait des cordes et Henriette pensait que cette journée était à l'image même de sa vie : d'une morosité et d'une tristesse absolues. Une impression, et à raison, que celle-ci tournait inlassablement en rond.

Une grande envie lui prit de pleurer, mais son orgueil était tel qu'elle ne pouvait imaginer un seul instant se laisser aller à de telles mièvreries.

Elle se regarda dans le miroir trônant au-dessus de la cheminée du salon qui lui renvoya le reflet d'une femme vieille et sans attrait. Le sentiment de haine pour ses parents qui l'avaient poussée vers ce mariage d'intérêt n'en fut que plus grand.

— Ils ont gâché mon existence ! rumina-t-elle pour la énième fois.

« On ne divorce pas dans la famille ! », lui avait sorti son père d'un ton dictatorial, la seule fois où elle avait osé émettre cette hypothèse.

Depuis sa prime enfance, cet homme l'avait toujours impressionnée et, malgré ses cinquante ans bien sonnés, elle s'était une fois de plus inclinée face à son autorité naturelle.

— Une voie de garage, se répéta-t-elle, aigrie.

Elle décida de retourner à ses points de croix, comme un prisonnier grave des barres sur les murs de sa cellule, afin de tâcher d'oublier son triste reflet et ses sombres pensées.

Elle se dirigeait vers sa très fidèle bergère quand la pile de courrier que Simonetta avait déposée sur la console de l'entrée lui revint en mémoire, et elle dévia ses pas vers le hall pour aller l'inspecter. Une enveloppe adressée à son mari l'interpella. Intriguée, elle la retourna à plusieurs reprises, hésita un instant puis, se sachant seule dans la maison, se dirigea vers la cuisine pour faire bouillir de l'eau.

Elle fut à ce point choquée et outrée par le contenu du courrier qu'elle dut le relire deux fois afin de s'assurer de la réalité de la chose. Elle ne pouvait en croire ses yeux. Littéralement collée à la chaise sur laquelle elle s'était laissée choir, c'est les bras ballants et le regard vide qu'elle laissa ensuite tomber le courrier sur le carrelage de la cuisine.

— Comment, mais comment a-t-il pu offrir un appartement à cette pute !? rumina-t-elle, le souffle coupé.

La rage qui s'était fait attendre pour cause d'incrédulité monta subitement en elle. Son sang se mit à bouillonner.

— Comme si cela ne lui suffisait pas d'aller engouffrer notre argent dans les casinos ! Ce n'est vraiment plus possible ! vociféra-t-elle haineusement en tapant le poing sur la table, avant d'envoyer avec force une assiette de famille contre le mur.

***

— J'ai sacrifié mon titre et mes plus belles années en vous épousant sous la pression de mes parents et il est hors de question, Herbert, que je vous laisse ainsi dilapider votre fortune familiale pour des femmes de petite vertu ! Non, pas tout ça pour ça ! hurlait-elle en tapant son poing encore plus énergiquement sur la table de la salle à manger qu'elle ne l'avait fait quelques heures plus tôt sur celle de la cuisine.

Démontée, son visage était devenu aussi rouge que celui couperosé de son mari et son nez d'aigle semblait n'avoir jamais si bien porté son nom.

— Quand on ne donne rien, il ne faut pas s'étonner que…

Herbert n'eut pas le temps d'achever sa phrase, Henriette se mit à nouveau à crier.

— Mais comment pouvez-vous vous imaginer un seul instant que je partage encore votre lit ? Vous me dégoûtez, Herbert ! Tout en vous me répugne. Mais regardez, mais regardez-vous donc ! Vous n'êtes plus qu'un tas de chair informe et vous croyez que ces jeunes filles sont là pour vos charmes !? Mais arrêtez donc de vous fourvoyer ! Vous êtes encore plus énorme que votre mère, dont on peut d'ailleurs se demander comment elle a pu à ce point engraisser en plein temps de guerre !

Puis, elle saisit d'un geste brusque et irréfléchi le verre d'eau qui se trouvait devant elle, en but rapidement le contenu et ajouta sur le ton du ricanement :

— Avec des tickets de rationnement, peut-être !?

Herbert fit deux pas vers son épouse et l'empoigna violemment.

— Laissez ma mère là où elle est ! Vous entendez, Henriette ! Sinon…

L'admonestation d'Herbert ne sembla pas le moins du monde l'apeurer.

— Sinon quoi ? osa-t-elle d'une façon provocante, en le fixant droit dans les yeux.

— Sinon…

Après quelques secondes d'hésitation, Herbert la lâcha presque plus brutalement qu'il ne l'avait agrippée.

— Oh, le petit fils chéri à sa maman, lui envoya-t-elle alors sur le ton d'une petite fille moqueuse, avant de remettre rapidement son chemisier en bonne place et de réajuster tout aussi prestement sa lavallière.

Jalouse, pensa à cet instant Herbert qui, pour sa part, en plus d'être fils unique, avait toujours reçu un amour inconditionnel de sa mère.

Puis, il y eut quelques secondes d'un glacial silence où ils se toisèrent tels un matador et un taureau dans une arène.

Elle eut ensuite un sourire de mépris et lui lança avec une hargne en rien diminuée :

— Dès que vous voyez un joli minois et une belle paire de nichons, vous suez comme un gros porc et c'est à peine si vous vous souvenez comment vous vous appelez !

— Baronne peut-être… mais vous braillez comme une poissonnière ! lui répliqua-t-il avec un pli de dégoût au coin des lèvres.

Elle lui cracha dessus.

Il s'essuya calmement la joue d'un geste de la main, prit son paquet de Kent dans une des poches de son blazer et se mit à le tapoter pour en sortir tout aussi placidement une cigarette.

— Je persiste et signe… C'est vraiment à se demander si vos chers parents ne vous auraient pas ramassée dans le caniveau ! lui sortit-il cette fois d'un air détaché, après s'être acharné sur son briquet.

Elle eut un petit rire sec et froid.

Il lui envoya un nuage de nicotine au visage et poursuivit :

— Vous me rappelez délicatement que vous ne m'avez épousé que pour mon argent, vous croyez-vous donc plus honorable avec votre soi-disant sang bleu que ces femmes de petite vertu, comme vous vous plaisez à les nommer ?

Henriette resta muette. Elle blêmit à la vitesse de l'éclair et sembla prise d'apoplexie.

Puis, après quelques secondes de paralysie, elle tourna les talons et quitta la pièce la tête haute en se jurant de se venger.

— Crevez, mais crevez donc ! avait-elle alors murmuré avec rage en claquant la porte du salon.

***

La haine et la rancune d'Henriette n'étaient pas descendues d'un iota depuis l'horrible tête-à-tête et, tous les jours, depuis, elle s'était mise à prier Dieu d'arrêter la saignée dans leurs finances en rappelant Herbert dans les cieux et se tordait l'esprit afin de trouver un moyen pour l'y aider.

Simonetta la trouvait plus lointaine et autoritaire que jamais. Elle en fit part à Fernando qui tenta de la rassurer.

— Encore un peu de patience, ma chérie. D'ici quelques petites années, nous aurons de quoi retourner à Castelrosa et plus personne ne sera là pour te donner des ordres.

Simonetta lui renvoya un triste sourire.

— Je l'espère, mon amour. Je l'espère.

À peine avait-elle prononcé ces mots qu'elle se les reprocha amèrement. Comment avait-elle pu douter de Fernando qui faisait tout en ce sens et dont elle savait pertinemment qu'il rêvait autant qu'elle de ce grand retour? *Et tu sais quand même bien qu'il n'a qu'une parole !* songea-t-elle, honteuse, en se dirigeant vers sa coiffeuse.

Elle se brossa consciencieusement les cheveux et murmura sobrement afin de clore le sujet :

— Désolée, mon amour, c'est juste que la Sicile me manque tellement et le chemin me paraît parfois encore si long à parcourir.

Fernando ne répondit rien. Il alla s'asseoir sur le lit conjugal, enleva ses chaussures et se mit ensuite à déboutonner sa chemise tout en regardant Simonetta se dévêtir. Il la trouva aussi belle, si ce n'est plus encore, qu'au premier jour, et le lui dit. Touchée par ses propos, elle s'approcha de lui avec candeur et sensualité. Il lui saisit une main et l'attira vers lui, entoura délicatement sa taille de ses bras, posa un moment sa tête contre son ventre, puis leva son visage vers le sien.

— Tu veux qu'on aille à Blankenberge dimanche ? lui murmura-t-il.

— Avec plaisir, cela me fera le plus grand bien de voir Maria, Emilio et la mer, lui répondit-elle d'une voix sucrée tout en enfonçant ses doigts dans la chevelure abondante de son mari.

Ces mots dits, elle se pencha à son tour. Leurs bouches se frôlèrent et Fernando, d'une main aveugle, éteignit la lampe de chevet pour respecter l'éternelle pudeur de son épouse.

***

Une semaine après leur martial échange, les Van Molsen recevaient leurs parents à dîner et Henriette avait demandé à Simonetta de bien vouloir s'occuper du repas.

— Et si vous pouviez également vous charger du service, cela m'arrangerait ! lui avait-elle dit d'un air froid et apathique, comme à chaque fois qu'elle lui demandait ce petit extra.

Henriette ne lui laissa pas le temps de réagir et ajouta :

— Ce n'est que du bonus pour vos économies ! Non, Simonetta !?

— Oui, Madame, lui avait-elle répondu, résignée.

— Et préparez votre rôti de bœuf en croûte ! Mon beau-père en raffole ! lui avait-elle encore lancé en sortant de la cuisine.

— Bien, Madame, avait-elle alors murmuré, tout en sachant que sa patronne était déjà trop loin pour pouvoir l'entendre.

— C'est un vrai délice, Simonetta ! Vous cuisinez vraiment aussi bien que mon épouse ! s'exclama Auguste, le soir, son assiette à peine entamée.

Il lui arrivait encore souvent de parler de sa femme comme si elle s'était juste absentée et qu'elle allait revenir d'une minute à l'autre.

Simonetta lui avait renvoyé un petit sourire à la fois flatté et gêné, tandis que l'assemblée avait opéré un moment de silence religieux en hommage à la toute fraîche défunte.

— Cela nous change de toute cette malbouffe qui commence à se répandre comme la peste dans notre société ! put ensuite l'entendre dire Simonetta, lorsqu'elle sortit discrètement de la salle à manger.

— Un vrai fléau ! répliqua Henriette en tâchant, en bonne maîtresse de maison, de redonner un nouvel élan à la conversation et faire oublier la disparition de sa belle-mère.

— Ce n'est évidemment pas moi qui vais m'en plaindre ! Mes affaires tournent d'autant mieux ! ne put s'empêcher d'ajouter Auguste, un sourire espiègle dans la voix.

Henriette souffla, Herbert gloussa et ses beaux-parents crurent de bon ton d'en rire.

Auguste, tout comme son fils, n'avait certes pas un physique des plus avenants, mais la sympathie qu'il dégageait était telle qu'on lui pardonnait bien souvent son humour douteux, comme on en oubliait tout aussi facilement et rapidement les quelques prétentions que lui avait apportées sa réussite professionnelle dont il se targuait haut et fort.

Même Marie-Chantal, la jolie et très distinguée mère d'Henriette, s'était montrée avec le temps de plus en plus sensible à ses charmes, ce que ses petits-enfants n'avaient d'ailleurs pas manqué de relever. Gaëtan et Gwendoline avaient pu en effet quelquefois observer chez elle des œillades à l'intention de leur auguste grand-père, comme aussi d'ailleurs remarquer qu'elle fondait complètement quand il saluait leur Tante Liliane en l'embrassant tendrement. Son absence de titre n'avait alors plus la moindre importance à ses yeux. Auguste Van Molsen, penché sur la chaise roulante, lui paraissait tout simplement royal.

« Nous n'avons pas si mal fait les choses en orientant Henriette vers ce mariage ! », dira-t-elle parfois à son mari au retour de ces quelques rares dîners, oubliant que c'était avec le fils que sa fille faisait sa vie.

Herbert, qui n'avait malheureusement pas hérité des gènes « sympathiques » du paternel, aurait pu en toute logique être jaloux de l'aura de son père. Il n'en était pourtant rien. Il le regardait toujours avec le même air ébahi. Il était « fils de » et, contrairement à d'autres, ne voyait aucun désavantage à cette situation. Il ne ressentait, pour sa part, qu'un immense sentiment de fierté. *Quel bonheur d'avoir un père comme le mien!* pensait-il d'ailleurs tous les soirs pour remplacer la courte prière que sa tout aussi chère mère lui avait apprise.

Tandis que la petite assemblée écoutait Auguste Van Molsen se réjouir que de moins en moins de femmes aient le temps ou l'envie d'allaiter et que sa fabrique de tétines en connaissait un essor tel qu'il avait parfois du mal à suivre les commandes, Simonetta était à nouveau entrée dans la pièce avec deux bouteilles de vin. Elle en avait déposé une sur le buffet puis s'était mise à servir.

Auguste, tout occupé à faire de grands gestes, ne sentit ni ne vit Simonetta s'approcher et la heurta brutalement.

— Mais pour l'amour de Dieu, Simonetta, faites attention à ce que vous faites! protesta immédiatement Henriette, furieuse, en se levant avec sa serviette pour aller éponger le blazer de son beau-père.

Auguste posa une main remplie de bienveillance sur le bras tremblant de Simonetta.

— Ne vous inquiétez pas, ce n'est pas bien grave, ma petite Simonetta. Et surtout, c'est totalement de ma faute! Je devrais arrêter de me prendre pour un avocat à la barre, plaisanta-t-il, tout en se laissant essuyer par sa bru. Et c'est surtout pour vous que je suis mal, fit-il en pointant du doigt son chemisier. Car pour ce qui est de ma veste, sachez que j'avais justement décidé que ce serait pour elle son dernier soir de sortie! Je l'ai déjà bien trop vue, lui lança-t-il sur un ton plein de bonhomie.

Son fils et ses beaux-parents rirent à nouveau.

Puis, il ne put s'empêcher d'ajouter :

— Ma femme ne la supportait d'ailleurs pas ! Chaque fois que je la portais, elle me disait que je ressemblais à un triste sire !

Auguste sembla alors pris de nostalgie en songeant aux petits reproches et sarcasmes de son épouse tandis qu'Henriette vérifiait si son tapis perse n'avait pas pris un coup de rouge.

— Bien heureusement, il a été épargné ! fit-elle en redressant la tête. Mais quel gâchis, Simonetta. Un pomerol 1953 ! Est-ce que vous vous rendez compte !? Toutes ces années dans la cave pour finir ainsi… Vous n'avez vraiment aucun sens de la valeur des choses !

La gêne de Simonetta, des convives et d'Herbert était plus que palpable, mais cela n'empêcha pas Henriette de poursuivre sa lapidation.

— Allez, allez, Simonetta ! Ne restez donc pas ainsi comme une potiche et arrêtez, je vous prie, pour l'amour du ciel, de pousser ces soupirs à faire tourner des moulins à vent ! Allez donc plutôt vous changer. Vous n'allez quand même pas continuer le service dans cet état ? fit Henriette en la renvoyant vers la cuisine d'un geste autoritaire, avant de se saisir de la salière pour saupoudrer son beau-père.

Auguste lui renvoya un clin d'œil afin de lui faire oublier l'attitude et les propos désobligeants de sa belle-fille.

Simonetta sortit ensuite de la pièce et Henriette profita de l'absence de ses enfants pour s'exclamer :

— Il y a certains jours où je la changerais volontiers contre une plus dégourdie !

Personne ne semblait vouloir réagir à ses commentaires.

— D'ailleurs, où est-elle donc, cette écervelée !? fit-elle pour combler le silence.

— Calmez-vous donc, Henriette ! Il n'y a quand même pas mort d'homme, donnez-lui le temps de se changer. Elle n'est pas Wonder Woman à ce que je sache, lui sortit Herbert en reprenant grossièrement ses couverts.

La nervosité d'Henriette fut encore accrue par la remarque de son mari. Elle se leva brutalement et faillit en renverser son verre de vin.

Herbert ne put réprimer un petit rire.

— Oh, ne faites pas le malin, Herbert ! Et essuyez-vous donc le menton. Bientôt, il va falloir vous mettre un bavoir avant de passer à table, lui rétorqua-t-elle de sa voix cassante.

Herbert avala la pilule sans broncher tandis qu'Auguste dut se retenir pour ne pas envoyer une remarque cinglante à sa belle-fille et que Pierre-Yves et Marie-Chantal se regardèrent, terriblement gênés d'avoir si mal éduqué leur fille.

Henriette en route pour la cuisine, Herbert, par respect pour ses convives, se décida enfin à prendre sa serviette et se mit à frotter son menton avec nonchalance, ce qui rappela à Marie-Chantal de faire de même avec Liliane à sa gauche.

Simonetta, qui avait vite dû donner un petit coup de fer sur son chemisier de remplacement, était en train de tamponner son soutien-gorge quand sa patronne fit son entrée dans la cuisine.

— Mais que faites-vous donc, Simonetta !? On vous attend, lui lança-t-elle tout en ouvrant la porte.

À peine avait-elle prononcé ces mots qu'Henriette eut le souffle coupé et se mit à regarder sa femme de ménage avec des yeux ébahis : jamais il ne lui avait été permis de voir une aussi jolie poitrine.

La gêne qu'elle aurait dû avoir de se retrouver devant Simonetta les seins à l'air fut dès lors remplacée par une admiration teintée de jalousie.

Elle resta un instant muette, la bouche ouverte, devant Simonetta pétrifiée de honte.

— Allez ! Allez ! Dépêchez-vous donc, lui dit-elle, après avoir repris ses esprits et avant de ressortir de la cuisine aussi rapidement qu'elle y était entrée.

***

Le surlendemain, tandis que Marylou tenait compagnie à Cesario, Albertina et Jules à la conciergerie devant un plateau de Scrabble et de fromages, Fernando et Simonetta fêtaient leurs noces d'argent au Barbizon, un restaurant très réputé de la région. Un lieu et une cuisine qu'ils s'étaient toujours promis de découvrir avant leur retour en Sicile, comme d'autres auraient dit « avant de quitter cette Terre », et le couple s'était donc mis sur son trente-et-un.

À peine avaient-ils franchi le seuil de cette institution qu'ils avaient aperçu Herbert Van Molsen qui, relevant son nez du décolleté de la femme lui faisant face, les avait vus aussi et leur avait envoyé un petit salut de la main avec une décontraction déconcertante. Les Faratelli s'étaient sentis mal à l'aise, mais Fernando avait décidé que cette rencontre ne gâcherait pas leur anniversaire de mariage. Tout comme Simonetta n'avait pas voulu lui parler de l'affreux dîner et du moment très gênant qu'elle avait vécu avec Henriette dans la cuisine.

— Ce sont leurs affaires! avait dit Fernando à Simonetta, tout en lui prenant délicatement le bras pour suivre le serveur jusqu'à leur table réservée depuis longue date et qui, heureusement, se trouvait bien loin de celle d'Herbert.

La soirée avait été belle et le dîner à la hauteur de leurs espérances. Ils s'étaient remémoré leur première rencontre et les moments importants de toutes ces années déjà passées ensemble. Alors qu'on leur servait les mignardises, ils avaient parlé de Jules et du rendez-vous que Simonetta lui avait pris chez le médecin.

— «Le psoriasis est une maladie de la peau, certes génétique, mais qui peut ne jamais se révéler si rien ne vient la réveiller. Votre Jules a une résilience tout à fait hors normes, mais il ne faut pas s'étonner qu'il y ait malgré tout des dégâts!», m'a expliqué le dermato pendant que Jules se rhabillait.

— On va continuer à s'occuper de lui comme de notre fils et tu verras, ma chérie, avec sa force de caractère, il s'en sortira, j'en suis certain! avait alors dit Fernando en posant une main rassurante sur celle de son épouse.

Et Simonetta pensa une fois de plus que son mari avait le grand pouvoir de toujours calmer ses angoisses. Elle lui avait souri, de ce sourire plein d'amour et de reconnaissance pour ce qu'il était, et il avait regardé sa montre.

Fernando allait demander l'addition, quand il vit passer Herbert soutenant sa jeune compagne qui marchait sur ses talons aiguille avec difficulté. Il avait attendu qu'ils soient bien sortis du restaurant et il avait hélé le garçon.

***

— Va-t'en au diable ! s'écria, hors de lui, Fernando. Et si je te vois ne fût-ce qu'une seule fois encore t'approcher de ma femme, tu es un homme mort. Tu entends bien ? Mort ! Juste bon à être couché entre quatre planches !

Ne voyez ici aucune caricature facile, mais Fernando botta ensuite avec rage le cul du plombier qui s'enfuit la queue entre les jambes.

Gaëtan et sa mère avaient assisté à la scène par la fenêtre ouverte du salon.

— Déjà que j'ai eu un mal fou à trouver quelqu'un pour déboucher ces tuyauteries ! s'exclama Henriette.

— Ben oui, quand il s'agit de sa femme et de ses enfants, Fernando a la colère facile. Ce n'est pas comme chez les Van Molsen ! lui fit remarquer son fils.

Henriette leva les épaules et les yeux au plafond.

— Ce n'est quand même pas de ma faute si votre père n'est qu'un mollusque.

— Non. Mais vous l'avez épousé !

Henriette referma d'un coup sec, avec une force toute masculine, la fenêtre à guillotine tandis que Gaëtan, souriant en repensant à la tête apeurée du plombier qui avait osé s'aventurer à faire des yeux doux à Simonetta, remit les oreillettes de son walkman et quitta le salon, sans autre commentaire.

***

Simonetta était en train de faire briller l'argenterie quand Gwendoline entra dans la cuisine.

— Ma mère a quelque chose à te dire et elle t'attend dans le salon, lui lança-t-elle en se dirigeant vers le Frigidaire.

Anxieuse, Simonetta enleva rapidement ses gants et essuya mécaniquement ses mains sur son tablier.

Lorsqu'elle passa à côté de Gwendoline, celle-ci, un bout de fromage dans une main, lui frotta affectueusement le dos.

— Mais ne t'inquiète pas ! Maman n'a pas l'air de méchante humeur aujourd'hui ! Je dirais même qu'elle me semble assez guillerette.

— Ah, bon ?

— Oui, oui, tu verras ! lui dit-elle avant de lui donner un rapide bisou dans le cou.

Simonetta avait toujours adoré ses gestes d'affection et lui renvoya un regard chargé de tendresse.

— Elle s'est peut-être enfin décidée à prendre un amant ! lui lança encore Gwendoline juste avant que Simonetta n'ouvre la porte.

Par respect pour la pudeur de Simonetta, elle s'était empêchée d'ajouter « cette mal baisée ».

Pourtant, la main sur la poignée, Simonetta s'était retournée.

— Gwendoline ! fit-elle, mi-choquée, mi-amusée par sa nouvelle impertinence.

La jeune fille avait souri avant de mordre dans son morceau de fromage et Simonetta avait pris la direction du salon.

— Madame m'a demandée ?

— Oui, Simonetta, lui répondit-elle en achevant son point de croix.

Henriette déposa l'aiguille sur son ouvrage et releva lentement son visage vers sa femme de ménage.

Simonetta put en effet percevoir un sourire, mais il eut pour seul effet de l'angoisser plus encore.

— Gaëtan et Gwendoline m'ont dit que vous alliez avoir quarante-cinq ans… Est-ce bien exact ?

— Oui, Madame.

— C'est un cap qui se fête, Simonetta !

— Pas plus qu'un autre, lui répondit-elle timidement et poliment, très étonnée par l'étrange tournure que prenait l'entrevue.

— Si, si, Simonetta ! Quarante-cinq ans, c'est la fleur de l'âge ! C'est celui où on a appris déjà suffisamment de la vie pour savoir ce que l'on ne veut plus et où la femme rentre en pleine possession de ses moyens... Et puis, cela fait maintenant vingt ans que vous travaillez dans la maison, ce qui représente une double raison de fêter cet anniversaire !

— Mais Madame...

Simonetta voulut faire remarquer qu'elle n'en était pas encore à dix-huit ans de service, mais Henriette la coupa net dans son élan.

— Taratata... Pas de manières entre nous! fit-elle en rabattant l'air d'un geste de la main. Nous nous connaissons maintenant depuis suffisamment d'années pour ne pas nous embarrasser de ces simagrées! Je voudrais vous faire un cadeau à la hauteur de l'événement et organiser une petite fête dimanche dans le jardin. Nous déjeunerons sous notre beau platane. La météo a annoncé ce matin que la journée serait magnifique!

De plus en plus décontenancée, Simonetta éprouva un malaise grandissant.

— Demain, nous irons à Bruxelles dans le quartier Louise et on choisira ensemble une robe pour ce grand jour ! poursuivit Henriette.

— Mais Madame, les vitres...

— Elles attendront, Simonetta! lui dit-elle comme si l'éclat de ses carreaux n'avait jamais eu la moindre importance.

Simonetta tenta à nouveau d'ouvrir la bouche, mais sa patronne avait pointé un doigt vers elle.

— Plus de discussion ! Et puis, qui donne les ordres dans cette maison ? lui demanda-t-elle avec le ton d'une mère grondant gentiment son enfant afin de mettre un terme à sa résistance.

— Vous, Madame, répondit-elle en regardant ses chaussures.

— C'est bien ce qu'il me semblait ! lui renvoya Henriette en s'aventurant sur le ton de l'humour et en hochant militairement la tête.

Puis, redevenue austère, elle reprit son ouvrage afin de faire savoir à sa femme de ménage qu'elle pouvait disposer.

Simonetta marmonna un merci bien à contrecœur et quitta la pièce, la boule au ventre. Elle ne voyait pas comment annoncer ce nouvel affront à son sicilien de mari.

***

La mise propre et élégante, les cheveux ordonnés, Fernando frappa à la porte du salon. Il avait attendu quelques secondes le feu vert puis, après avoir franchi le seuil de la pièce, avait refermé consciencieusement la porte derrière lui.

Quand Henriette lui fit face, elle ne put s'empêcher de penser que l'époux de sa femme de ménage avait bien plus d'allure que son gros lard de mari et en éprouva de l'amertume. Puis, après avoir eu un éclair de pensée pour Omar Sharif dans *Le Docteur Jivago*, elle s'avoua un peu honteusement que sa libido la chatouillait et, afin de cacher son trouble, se montra plus sèche que jamais.

— Oui, Fernando ?

Il se racla un court instant la gorge, puis commença prudemment :

— Simonetta m'a fait part de votre délicate attention et je tenais sincèrement à vous en remercier, mais…

— Mais ? l'arrêta Henriette afin d'en rajouter à sa gêne évidente.

— … Mais nous ne pouvons accepter, bredouilla-t-il en maltraitant sa casquette de ses mains devenues nerveuses.

— Je ne vois pas pourquoi, Fernando ! Simonetta nous est toute dévouée depuis de nombreuses années et c'est donc la moindre des choses que de lui manifester notre reconnaissance.

Fernando voulut répliquer que sa femme était payée pour cette subordination, mais à peine avait-il commencé à entrouvrir la bouche qu'Henriette le coupa à nouveau.

— Il n'y a pas de « mais » qui tienne ! Cela me fait plaisir de lui faire ce plaisir ! C'est tout. N'y voyez rien d'autre, et surtout pas une offense, lui dit-elle en regardant sa montre.

Fernando en perdit son latin et resta un instant complètement gauche devant Henriette Van Molsen qui en profita pour mettre un terme à leur entretien.

— On m'attend pour une partie de bridge, lui lança-t-elle froidement.

— Bien, Madame, lui répondit-il simplement, mais avec une voix qu'il voulut sans la moindre émotion.

— … Et je ne voudrais d'ailleurs pas non plus être la cause de votre retard à la pizzeria, ajouta-t-elle en agrippant son sac à main.

Il se retourna et se dirigea vers la porte du salon.

— Ah, ces Siciliens ! murmura-t-elle encore, juste assez fort pour que Fernando, la main déjà sur la poignée, puisse l'entendre.

Fernando se sentit aussi désarmé que l'avait été son épouse. Comme elle, il sentait pour une raison qu'il ignorait une toile d'araignée se tisser autour d'eux et c'est avec cette très désagréable et obscure intuition qu'il se rendit à son travail.

***

Le temps était en effet magnifique, tel que l'avait présagé la météo.

— Je me charge de tout avec les enfants, Simonetta ! Ne pensez qu'à vous faire belle. C'est votre journée ! lui dit Henriette en lui passant, pour la première fois depuis le jour de son arrivée, une main qui se voulait affectueuse dans le dos.

Ce geste glaça le sang de Simonetta qui, de plus en plus mal à l'aise, obtempéra.

Après avoir enfilé le cadeau de sa patronne, elle se regarda dans le miroir. Il lui renvoya l'image d'une femme belle et affriolante. Bien trop affriolante à son goût. Ne se voyant pas descendre ainsi, elle s'essaya à relever ses cheveux en chignon serré afin de donner quelque rigueur à sa tenue. Mais son décolleté lui parut plus profond encore. Désappointée, elle retira ses barrettes, finit par opter pour une demi-queue-de-cheval et se décida enfin, bien à contrecœur, à sortir de la chambre pour rejoindre son mari.

À la vue de son épouse, Fernando eut le souffle coupé.

— Ce n'est pas trop ? lui demanda-t-elle en pointant timidement son buste dégagé et sa taille cintrée.

— Tu auras beau essayer d'être vulgaire, ma chérie, tu n'y parviendras jamais. Tu es splendide ! Mais il est vrai que j'aurais préféré que ce ne soit que pour mes yeux, ne put-il s'empêcher de rajouter.

La gêne de Simonetta en était devenue plus grande et Fernando regretta aussitôt d'avoir prononcé ces mots.

Henriette vint frapper à leur porte et tous deux s'étaient laissés guider, les sourires crispés, tels des agneaux pour une offrande.

Ils prirent l'apéritif et Herbert ne put s'empêcher de jeter des regards furtifs sur le décolleté de Simonetta. Mais, pour une fois, Henriette se réjouissait de la mauvaise conduite de son mari.

Après avoir posé quelques questions à Fernando et Simonetta, dont elle ne sembla jamais écouter ou même entendre les réponses, Henriette tapa subitement dans les mains.

— Allez ! Allez ! Maintenant, on passe à table. Je ne sais pas pour vous, mais moi, j'ai une faim de loup !

Gaëtan et Gwendoline, déjà très intrigués, et même suspicieux quant à cette bien étrange journée, se regardèrent ahuris. Leur mère n'avait jamais été portée sur les plaisirs de la table et montrait même bien souvent du dégoût pour la nourriture en proférant régulièrement : «Il faut manger pour vivre et non le contraire !» Que signifiait donc cet appétit soudain, cet empressement à passer à table ?

Henriette s'était à peine levée qu'elle fit mine de réaliser que les housses manquaient sur les coussins des chaises qui entouraient la longue table dressée sous le platane.

— Oh, désolée, Simonetta, de vous demander ce service en cette journée où vous êtes censée ne rien faire, mais il n'y a que vous dans cette maison qui connaissiez l'emplacement de chaque chose dans le garage ! Auriez-vous la gentillesse de bien vouloir aller chercher les housses ?

Fernando, qui se sentait déjà outragé par l'attitude d'Herbert, pensa avec rage : *Comme si elle avait le choix !*

Puis, Henriette se retourna vers son mari.

— Et allez donc, mon cher, aider Simonetta ! Quatre mains ne seront certainement pas de trop.

Exceptionnellement, Herbert ne dut pas se faire prier et arriva même à soulever sa graisse à une vitesse que personne ne lui avait encore connue jusque-là.

Instinctivement, Gaëtan et Fernando s'étaient dressés tout aussi rapidement et se proposèrent sur-le-champ de le remplacer.

Henriette, plus autoritaire que jamais, utilisa un ton qui ne laissait aucune place à la contestation.

— Restez où vous êtes ! – Elle regarda froidement son fils droit dans les yeux. – Pour une fois que votre cher père peut servir à quelque chose !

Herbert sembla ne pas entendre les propos injurieux de son épouse.

Puis, Henriette fit volte-face vers Fernando et lui demanda de bien vouloir aller couper le poulet.

— Mon mari est incapable de s'en sortir avec une volaille ! C'est bien là un des nombreux domaines où il a deux mains gauches… Et pendant ce temps-là, je me charge de remuer la salade, leur lança-t-elle sur le ton d'une reine mère.

Fernando se dirigea bien malgré lui vers la cuisine en fulminant de savoir sa femme seule avec ce gros porc d'Herbert même si bien sûr, pas un seul instant, il ne pouvait imaginer qu'il pourrait dépasser le stade des œillades déplacées.

Mais c'était mal connaître Herbert Van Molsen qui, dans le garage, après avoir regardé un court instant Simonetta sur la pointe des pieds en train d'essayer d'attraper un bout du plastique qui recouvrait les housses, s'était avancé vers elle et avait posé ses mains sur ses hanches.

Elle s'était brusquement retournée, mais il lui avait pris immédiatement les poignets afin d'écarter ses bras pour pouvoir contempler plus aisément sa poitrine.

Complètement affolée, elle ne sut que faire.

— Ne craignez rien, Simonetta ! lui chuchota-t-il. Tout ce que je vous demande c'est de pouvoir les toucher. Juste les toucher. Ce n'est quand même pas bien grave, lui dit-il, les yeux plongés dans son décolleté.

Elle se mit à se tordre de malaise et d'effroi.

— Mais calmez-vous donc, Simonetta ! Il n'y a pas de quoi fouetter un chat, lui murmura-t-il avec une pointe d'agacement. Ils sont magnifiques ! Vraiment magnifiques ! Mais comment avez-vous pu nous cacher une telle merveille pendant toutes ces années ?! C'est presque un sacrilège…

Le désir d'Herbert était devenu si vif qu'il lui serra plus fort encore les poignets.

— Monsieur, s'il vous plaît, supplia-t-elle d'une voix étouffée et de ses grands yeux noirs apeurés.

Herbert fit mine de ne pas entendre sa prière et posa ses deux mains grossières sur sa poitrine en fermant les yeux en bon fils de commerçant qu'il était, comme pour estimer le poids de la marchandise.

Simonetta, tremblante, essaya de reculer mais les vélos de Gaëtan et Gwendoline l'en empêchèrent.

La résistance de sa femme de ménage l'excita plus encore. Il en oublia le temps qui passait et se mit à déboutonner fébrilement le haut de sa robe.

Simonetta ne put alors réprimer un petit cri que seule Henriette, les oreilles tendues tel un chasseur aux aguets, ne manqua pas de relever. Elle se sentit jubiler. Son plan semblait se dérouler aussi rondement qu'elle l'avait échafaudé. Elle en éprouva un petit sentiment de fierté. Puis, elle se leva avec calme, faisant mine de chercher à savoir en quoi il était si compliqué de trouver ces housses.

Elle passa habilement à côté du garage, tourna discrètement la tête vers le lieu de sa mise en scène, et c'est très satisfaite du résultat qu'elle s'empressa de rejoindre Fernando dans la cuisine, où elle entra comme si un choc l'avait rendue aphone. La main tremblante sur son cœur, elle regarda Fernando qui, angoissé par son attitude et pressentant un drame, déposa immédiatement son couteau.

— Que se passe-t-il, Madame ? lui demanda-t-il, la voix et les yeux affolés.

Elle resta muette, comme si l'air lui manquait toujours pour pouvoir parler, s'approcha rapidement du mari de sa femme de ménage et le tira par la manche pour l'emmener jusqu'au lieu du délit.

Les quatre enfants très intrigués, mais surtout inquiétés par cet étrange et silencieux remue-ménage, se levèrent pour suivre leur père et mère respectifs.

À la vue de son épouse apeurée, le corsage ouvert, dos au mur comme un animal pris au piège, le sang de Fernando afflua à ses tempes et, l'œil noir et la rage au ventre, il fonça vers Herbert pour l'empoigner.

La bagarre fut digne de celle d'un saloon quand, dans cette explosion de fureur, Fernando se retrouva étalé sur le sol et Herbert, le visage plus pourpre que jamais, en profita pour saisir rapidement une bûche.

— Papa ! Fernando ! hurlèrent en chœur Simonetta et les quatre enfants.

Fernando eut alors l'heureux réflexe d'envoyer un coup de pied dans le ventre flasque d'Herbert qui, malgré son poids, tomba en arrière. Sa tête atterrit très violemment sur la tondeuse à gazon et son corps ne sembla plus vouloir bouger.

Henriette, après quelques secondes d'inertie et animée par l'espoir, s'avança vers son mari et après avoir attrapé précautionneusement son bras lui prit le pouls.

— Il est mort, dit-elle froidement à la petite assemblée qui ouvrit la bouche, stupéfaite.

Henriette eut alors beaucoup de mal à dissimuler la joie à la fois puérile et mauvaise qui ne demandait qu'à briller dans ses yeux. Elle buvait du petit-lait. Les liens sacrés du mariage étaient enfin brisés et jamais de sa vie, son mari mort à ses côtés, elle ne s'était sentie aussi vivante. Tout lui parut subitement possible.

Fernando ne parvenait pas à recouvrer ses esprits. Un peu de sang coulait sous une de ses arcades sourcilières et une de ses narines. *Je vis un cauchemar dont je vais bientôt me réveiller*, pensa-t-il, en regardant, pétrifié, Herbert dont les orbites écarquillées semblaient appeler à l'aide.

Puis, il se tourna lentement vers son épouse. Simonetta sanglotait, les mains sur son visage. Et c'est là qu'il prit vraiment conscience que leur barque venait de chavirer.

Anéanti, le regard vide, Fernando, les bras pendants, semblait comme absent de son corps ; son teint était si blême qu'il paraissait aussi mort qu'Herbert.

Les enfants quant à eux se regardaient, interdits. Médusés. Eux non plus ne pouvaient émettre le moindre son. Un silence pesant et atterré régnait dans le garage.

Quand, subitement, Henriette rompit ce temps suspendu.

— Il faut appeler la police, lança-t-elle d'une voix neutre.

— Mais Madame ! s'exclama Simonetta, effrayée.

— Ne vous inquiétez pas, Simonetta ! N'ayez aucune crainte. Nous ne pouvons faire autrement, mais je peux vous assurer que votre mari ne risque absolument rien ! Nous avons tous été témoins, c'était un accident. N'est-ce pas, les enfants ? leur dit-elle, impériale, en se retournant vers eux.

— De la légitime défense ! s'écrièrent-ils, de nouveau à l'unisson.

Henriette s'approcha de sa femme de ménage prise de spasmes.

— Nous leur raconterons tous exactement comment cela s'est passé. Vous comprenez, Simonetta ? lui demanda-t-elle en la secouant légèrement par les épaules afin de s'assurer qu'elle l'entendait bien.

Un quart d'heure plus tard, la police était sur les lieux.

Le théâtre du crime fut vidé de ses occupants ; seul restait sur le sol du garage le large corps maculé de sang d'Herbert, détouré à la craie.

Simonetta, les yeux gonflés et le visage trempé, fonça mettre, les mains tremblantes, de la nourriture dans un Tupperware et prendre un pull dans les affaires de son mari, tandis que les quatre enfants redevenus muets se regardaient, toujours aussi interdits. Des larmes coulaient sur le visage d'Albertine et ses lèvres tremblaient. Gaëtan lui passa une main tendre dans les cheveux.

— Ne t'en fais pas… Tout va s'arranger !

Ce furent là les seuls mots qu'il trouva pour la consoler.

Les policiers dans la camionnette acceptèrent la petite laine, mais refusèrent le *doggy bag*.

Malgré le vent qui s'était levé, Henriette eut la décence d'attendre que les brancardiers aient couvert le corps de son mari du drap mortuaire pour se dépêcher d'aller mettre à l'abri les verres en cristal de sa grand-mère qui trônaient sur la table du jardin.

***

Il n'y eut aucun procès. Après un interrogatoire approfondi de chacun des protagonistes, les policiers, qui n'avaient pu que constater une parfaite concordance des propos, avaient remis les éléments du dossier au substitut du procureur du Roi qui n'avait pas estimé nécessaire d'attendre la fin de la période de privation de liberté de quarante-huit heures pour se faire une opinion et, comme l'avait promis Henriette, Fernando sortit de sa garde à vue exempt de toute poursuite.

— Sans tous ces témoignages, j'aurais été prêt à parier mon blouson que c'était cette vieille bique la coupable ! Et tu as vu comment elle est restée froide et indifférente au sort de son mari !? avait fait remarquer l'inspecteur Van der Voorde à sa collègue.

— Ouais… Dorénavant, quand je penserai à ma mère, je la verrai d'un autre œil ! Pauvres gosses, lui avait-elle répondu, tiraillée entre la pitié et son inséparable humour.

Il est vrai qu'Henriette n'avait pas un seul instant cherché à jouer la veuve inconsolable et s'était même félicitée de ne pas avoir eu à remplir ce rôle.

Blanchi, Fernando ne s'était pourtant jamais senti aussi sale et ne voyait pas comment rester dans la conciergerie après cette bien sordide journée.

L'envie était devenue grande de retourner en Sicile plus tôt que prévu et d'essayer d'y oublier le tragique événement. La joie avait fait place à la morosité dans la maisonnée et Fernando avait pour une fois ressenti le besoin de se confier.

— Je ne reconnais plus Simonetta, Marylou. On dirait qu'elle ne croit plus en rien. Elle parle tout bas comme une mourante, son beau et doux visage de *Madone* est devenu celui d'une *Mater dolorosa* et elle picore comme un oiseau.

— Oui oui, je m'en rends bien compte, Fernando ! lui avait répondu Marylou. Je n'arrive même plus à lui extirper le moindre sourire à défaut de la faire rire...

Après avoir connu la ferveur et le soulagement des retrouvailles avec son mari, Simonetta passait son temps à pleurer et à interroger le Seigneur.

« Pourquoi nous ? », n'arrêtait-elle pas de soupirer entre deux sanglots.

Désespéré, Fernando prit une nuit une grande décision. Il attendit que le jour se soit levé et d'être à nouveau en tête à tête avec sa femme pour la lui annoncer.

— Je n'ai pas dormi de la nuit, Simonetta. Je n'en peux plus de vivre ici et surtout il m'est insupportable de te voir ainsi ! Je crois qu'il est temps de refaire la route et de rentrer au pays, lui dit-il tout en tournant machinalement sa cuillère dans sa tasse de café.

Simonetta leva ses grands yeux cernés vers son mari. Quelques semaines plus tôt encore, sa joie aurait explosé, mais un maigre sourire et un léger soupir de soulagement furent ses uniques réponses.

***

Dix jours après l'enterrement d'Herbert, Gaëtan était allé trouver sa mère.

Les quelques années dont elle semblait avoir rajeuni depuis le décès de son mari n'allaient plus faire long feu. Henriette, souverainement libre, en avait oublié sa passion pour les points de croix et tapotait avec une légèreté de jeune fille les touches du piano quand il était entré dans le salon. Elle s'était tournée lentement vers lui lorsqu'elle sembla saisie.

— Oh, je n'avais jamais remarqué, Gaëtan, votre ressemblance avec mon oncle Paul. C'est même stupéfiant à quel point vous lui ressemblez !

Gaëtan ne chercha pas à s'attarder sur ce bien tardif constat.

— J'ai à vous parler, lui sortit-il froidement en glissant nonchalamment ses mains dans les poches de son pantalon.

Henriette, toujours sur son nuage, ne sembla pas avoir relevé l'air glacial avec lequel son fils avait prononcé ces mots. Elle remit une rose en place dans le vase posé sur le Steinway et lui répliqua :

— Me parler ?

— Oui, lui répondit-il encore plus sèchement qu'il ne l'avait fait quelques secondes plus tôt.

— Cela nous changera un peu ! blagua-t-elle en se tournant à nouveau vers son fils, joyeuse et insouciante, n'imaginant pas un seul instant que sa vie allait bientôt à nouveau basculer.

— Tout d'abord, je tenais à vous annoncer mon intention de demander la main d'Albertine.

— Albertine !? s'écria-t-elle, stupéfaite.

Gaëtan hocha affirmativement la tête.

— Vous n'y pensez quand même pas sérieusement, Gaëtan?

— Si!

— Mais... Mais... c'est la fille d'un pizzaïolo et d'une femme de ménage, bredouilla-t-elle.

— Je pense être au courant, lui répondit-il, placide. – Puis, après un court instant de silence, il ajouta. – Et future cardiologue et arrière-arrière-petite fille de vicomte! Je ne pense pas que vous puissiez vous targuer de...

Elle ne lui laissa pas le temps de terminer sa phrase.

— Cardiologue... Cardiologue... On a le temps de voir venir! Rien ne dit que...

— Oh, ne jouez pas de votre mauvaise foi, vous savez bien que la volonté et l'intelligence d'Albertine l'amèneront sans conteste à un jour soigner les cœurs! Puis, je tiens aussi à vous faire remarquer qu'il n'y a pas de supérieur ou d'inférieur, mais qu'il n'y a que le hasard de la naissance et ce que l'on en fait!

Ce ne fut pas l'envie qui lui manqua de rajouter « Regardez-vous! », mais il s'en abstint afin de ne pas s'égarer dans des débats inutiles.

— Mais enfin, Gaëtan, ai-je aussi besoin de vous rappeler que c'est son père qui a tué le vôtre? Même si nous savons tous que c'était sans aucune intention... Que vont donc penser les gens d'une telle union? Déjà qu'ils s'étonnent, paraît-il, que je garde Simonetta à mon service... Non, c'est to-ta-le-ment impensable, Gaëtan. Je m'oppose formellement à ce mariage!

— Pour votre gouverne, vous n'avez pas votre mot à dire! Je suis majeur et vacciné.

Henriette se saisit du verre d'eau posé sur le piano comme cela lui prenait souvent dans les moments de grande nervosité.

Gaëtan n'attendit pas qu'elle eût fini de boire.

— C'est vous qui avez mis fin à ses jours ! affirma-t-il calmement avec un air qui ne laissait aucun doute.

L'eau qu'elle était en train de boire ressortit comme un geyser et faillit un instant l'étouffer. Puis, elle s'essuya rapidement le visage du revers de la manche et ses oreilles se mirent à bourdonner.

— Comment… Comment ? Mais vous êtes devenu complètement fou !!! Vous étiez là ! Vous avez tout vu ! Mais bon sang, c'est quoi cette...

Gaëtan ne laissa pas sa mère terminer. Il sortit de sa poche la preuve de son allégation et se mit à brandir la cassette d'enregistrement tel un trophée.

— Tout votre petit plan diabolique y est raconté en long et en large… La pauvre Tante Liliane qui doit à chaque fois écouter vos jérémiades sans pouvoir broncher doit maintenant porter le poids de cette confession sur la conscience. Pauvre Tante Liliane ! ne put-il s'empêcher de répéter.

Elle le regarda, interdite.

— Vous vous disiez sans doute qu'avec votre sœur, c'était encore moins risqué qu'avec un curé ! lui dit-il tout en remettant dans sa poche la pièce à conviction. – Puis, il la toisa avec mépris. – Gwendoline et moi vous laissons une semaine pour dégager dans l'appartement de l'avenue du Général-de-Gaulle, sinon…

— Sinon quoi ? coupa-t-elle, scandalisée.

— Sinon, nous irons donner cette preuve à qui de droit.

Prise de vertiges, Henriette chancela un moment avant de se ressaisir et lui lancer froidement en redressant dignement la tête :

— Je ne pense pas, Gaëtan, que cette cassette soit recevable par un tribunal !

— Nous leur dirons que les murs ont des oreilles, que cet enregistrement n'est que la preuve de ce que Gwendoline et moi avons entendu derrière la porte !

— Mais ce sont des faux témoignages ! Je vous ai aperçus par la fenêtre. Vous étiez tous les deux allongés sur les transats, les visages tournés vers le ciel !!! brailla-t-elle.

— Pensez-vous sincèrement que Gwendoline et moi soyons à ce détail près ?

— Mais l'appartement de l'avenue du Général-de-Gaulle est minuscule et sa salle de bains est insalubre. Il y pousse des champignons ! Et l'installation électrique est...

Son fils arrêta net son état des lieux.

— Ce n'est pas pour rien qu'il est libre ! Combien de fois vos locataires ne vous ont-ils pas demandé de le mettre aux normes? Vous avez toujours voulu faire la sourde oreille... Eh bien, maintenant, vous n'avez qu'à vous en prendre à vous-même ! eut-il juste le temps de dire avant d'être distrait par le bruit d'une voiture arrivant sur le gravier.

Il regarda rapidement par la fenêtre et eut un petit sourire amusé en constatant que la concomitance entre sa sœur et lui était une fois de plus parfaite.

— C'est Gwendoline qui arrive avec le document qui attestera que vous nous faites la donation de tous les biens mobiliers et immobiliers, dit-il en se retournant vers sa mère.

— Quoi !? Mais vous êtes vraiment devenus dingues !!! Mais... Mais... de quoi, vivrai-je !? balbutia-t-elle, complètement affolée.

— Vous pourrez garder de quoi vous installer. Nous allons vendre la sculpture qui se trouve dans le jardin.

Un expert est passé et je peux vous promettre que sa valeur ne vous décevra pas. Puis, si ce montant ne vous suffit pas, vous n'aurez qu'à attendre le petit héritage de Grand-Père et de Bonne-Mamy en faisant des ménages… Cela vous changera de vos bridges et de vos points de croix ! ne put-il s'empêcher de lui envoyer avec sarcasme.

Il se retint d'ajouter : « Quant à vos chères roses, il est clair que vous pouvez faire une croix dessus », ce trait d'humour lui étant apparu en dernière seconde totalement inutile.

Elle eut le rire atroce d'une femme prise par la démence.

Gaëtan attendit un peu afin qu'elle puisse l'entendre et lui lança :

— De-Gaulle ou la taule… À vous de choisir !

Henriette sembla cette fois carrément étouffer sous cette injonction.

— Entre une fenêtre sur cour ou sur les étangs d'Ixelles… à votre place, je n'hésiterais pas. Mais, bien évidemment, tout n'est qu'une question de point de vue.

— Vous voulez me tuer ! Mais comment osez-vous !? Et ma réputation, qu'en faites-vous ? lui sortit-elle en suffoquant.

— Je pense sincèrement que, quelle que soit la peine qui vous sera infligée, elle sera pour le moins grillée !

— Mais… Mais comment osez-vous !? ne put-elle s'empêcher de répéter.

Henriette avait la sensation de ne plus habiter son corps et la force lui manquait pour taper du poing les touches du Steinway.

Gwendoline entra dans la pièce.

— On reprend vos méthodes ! Nous avons été à bonne école… Et puis, il est quand même bien connu que l'on récolte que ce que l'on sème, lui envoya-t-elle sur le ton du détachement.

— On ne fait que vous rendre la monnaie de votre pièce, poursuivit Gaëtan.

— Je suis votre mère ! cria Henriette, outrée.

— « Mère », vous n'en avez que le nom, lui rétorqua calmement Gwendoline.

La veuve tout fraîchement rajeunie avait subitement repris dix ans. Henriette regardait tour à tour ses deux enfants, abasourdie.

Gwendoline alla déposer l'acte unilatéral sur le secrétaire d'Henriette.

— Signez ici, dit-elle en montrant du doigt le bas de la page.

— Mais vous êtes des monstres ! siffla-t-elle entre les dents.

— Les chiens ne font pas des chats, lui répondit toujours aussi placidement Gwendoline en pointant à nouveau un index autoritaire sur la feuille de papier.

Après quelques secondes d'hésitation, c'est tremblante qu'elle signa la perte des bénéfices que lui avait apportés ce pénible mariage.

Par précaution, Gwendoline souffla un instant sur l'encre fraîche puis regarda son frère.

— Bon. Voilà une bonne chose de faite ! Maintenant, il serait peut-être temps qu'on y aille. On nous attend pour la partie de tennis.

Quand ils quittèrent la pièce, Gaëtan se retourna une dernière fois vers sa génitrice.

— Au fait… Si nous avons placé cette cassette avant de vous laisser en tête-à-tête avec Tante Liliane dans le salon, c'est que nous nous doutions tous les deux fortement que vous étiez pour quelque chose dans cette sordide histoire et que, le cas échéant, vous ne pourriez pas vous empêcher de vous confier à elle, comme nous avons pu l'entendre quelques fois… Nous avions vu juste, mais je tenais quand même à vous dire que vos aveux ont été bien au-delà de nos espérances !

Henriette resta muette et sembla aussi absente que l'était dorénavant son mari, et ses yeux étaient aussi écarquillés que ceux d'Herbert au moment de son trépas.

***

Gaëtan et Gwendoline avaient décidé de vendre le domaine. « Rien ne nous y attache plus vraiment », s'étaient-ils dit une ultime fois avant de signer le compromis. Le dernier et sinistre épisode avait eu le grand pouvoir de salir les merveilleux souvenirs qu'ils y avaient avec les Faratelli et ils n'avaient trouvé aucune bonne raison de le garder. Ils s'étaient débarrassés à très bon prix de la quasi-totalité de ce qu'avait abrité cette maison. Par respect pour leurs grands-parents maternels, ils n'avaient pas cherché à vendre les quelques rares portraits d'ancêtres qui y avaient traîné, ni non plus d'ailleurs tout objet qui aurait pu leur appartenir.

Trop occupés qu'ils étaient à prendre soin de Liliane dont l'état ne faisait que se dégrader depuis la mort d'Herbert, Pierre-Yves et Marie-Chantal ne cherchèrent pas à comprendre les raisons de ce grand bouleversement.

Gaëtan avait pourtant essayé de leur donner quelques factices explications mais ceux-ci, la tête ailleurs, avaient semblé hermétiques à son bafouillage.

Pierre-Yves avait seulement marmonné tristement :

— Nous ne pouvions évidemment pas savoir que Liliane avait tant d'affection pour son beau-frère !

Les jumeaux avaient eu alors beaucoup de peine à cacher leur malaise, mais celui-ci fut heureusement vite dissipé par les propos de Marie-Chantal.

— Elle, au moins, elle n'a pas une pierre à la place du cœur ! Ce n'est pas comme sa sœur, leur avait-elle dit en levant les yeux au ciel.

C'est donc ainsi que Gaëtan et Gwendoline n'eurent pas à mentir aux parents de leur mère et que le sujet, à peine entamé, avait été clos.

Quant à Auguste Van Molsen, les premiers troubles de sa mémoire, constatés entre le décès de son épouse et celui de son fils unique, avaient, au lendemain de l'enterrement de ce dernier, été diagnostiqués comme des signes certains de la maladie d'Alzheimer. « Ces deux deuils consécutifs auraient-ils provoqué un avancement aussi foudroyant et spectaculaire de la maladie ? », s'interrogeait son médecin, qui en discutait aussi parfois avec ses confrères. Quoi qu'il en soit, Auguste en avait oublié sa bru, et même son défunt fils. Il reconnaissait encore de temps à autre, furtivement, ses petits-enfants, comme il balbutiait encore aussi parfois le nom de sa très chère épouse, le regard voilé de tristesse. Il n'était plus que le spectre de son passé, et le devenir d'Henriette, qu'il avait appelée « madame » à leur dernière rencontre, lui était donc totalement indifférent.

Les jumeaux, très attristés, l'avaient placé dans une institution spécialisée non loin de leur nouveau domicile et s'étaient mis un point d'honneur à aller le voir trois fois par semaine. Ils lui tenaient alors la main, en espérant voir surgir, ne fût-ce qu'un seul instant, une petite part de ce qu'avait été leur flamboyant et sympathique grand-père. Et, quand il arrivait que le miracle s'accomplisse, ils rentraient ensuite chez eux ragaillardis, en se disant qu'ils avaient bien raison de persévérer en continuant à lui rendre visite.

Même Pierre-Yves et Marie-Chantal, à qui les jumeaux avaient rapporté les quelques rares sursauts de conscience d'Auguste, venaient de temps à autre, à tour de rôle bien sûr, essayer de se rappeler à son bon souvenir.

Gaëtan et Gwendoline, qui avaient fait le choix d'habiter en ville, avaient acquis tous les deux un appartement dans le même immeuble, situé à deux pas de l'Université libre de Bruxelles afin qu'Albertine ne perde plus son précieux temps dans les transports en commun.

Albertine venait d'y passer sa quatrième année de médecine, et Gaëtan d'y terminer Sciences Po où il y avait avancé lentement, mais sûrement. Il ne voyait pas encore trop ce qu'il allait faire de son diplôme et se laissait quelques mois, peut-être même une année entière, pour y réfléchir et aussi tenter de liquider les différentes sociétés de son grand-père, ce qui représentait, se disait-il, un casse-tête non négligeable.

César, quant à lui, butinait toujours de fille en fille ; aucune n'était encore arrivée à accrocher son cœur. Il avait formé un groupe de rock et n'avait entrepris aucune étude. Il faisait des petits boulots en attendant de voir venir le grand succès auquel il aspirait et se baladait entre une chambre chez Gwendoline et le divan du minuscule appartement de son ami Jules. La mère de ce dernier, en décédant six mois plus tôt d'un cancer du foie, lui avait permis de faire cette acquisition.

Jules effectuait depuis un an un stage dans le cabinet d'un avocat bruxellois spécialisé dans le droit pénal. Il y faisait tout pour un jour surpasser le maître et se voyait déjà opérer des effets de manche à la barre, mais surtout exprimer son esprit devant une salle d'audience. Il sortait depuis quelques mois avec une certaine Caroline qui semblait parfaitement lui convenir. Jamais, en effet, il ne lui avait été permis de rencontrer une femme aussi opposée à celle qui l'avait mis au monde. «Le cœur a ses raisons que la raison peut parfois connaître», avait-il un jour sorti à César au cours de l'une de leurs soirées en tête à tête.

Quant à Gwendoline, elle était toujours aussi secrète sur ses amours. À la tête d'un petit mouvement féministe, elle avait ouvert un magasin de meubles *vintage* non loin de la Grand-Place et semblait déjà très satisfaite de son succès.

Le frère et la sœur Van Molsen s'étaient arrangés pour racheter en secret la maison des Faratelli à Gustavo Lanfredi et, pour ne pas offenser l'amour-propre de Simonetta et surtout celui de Fernando, l'avaient mise au nom d'Albertine.

Gaëtan leur avait bien sûr au préalable demandé sa main.

Ce stratagème avait parfaitement fonctionné puisque, après un merveilleux et très touchant discours prononcé par Gwendoline, le couple avait fini par accepter l'incroyable cadeau, la voix brisée par l'émotion.

***

Castelrosa, juillet 1993

Le ciel était d'un bleu sans nuages et l'air exceptionnellement doux pour la saison. Les conversations et les rires résonnaient dans le jardin et jamais Simonetta ne s'était sentie aussi heureuse. Ses cernes et ses larmes n'étaient plus qu'un lointain souvenir. Même la tragique journée lui semblait n'avoir jamais existé.

Elle avait passé d'interminables heures dans la cuisine à préparer de nombreux plats avec tous ces produits qui lui avaient tant manqué si loin de sa terre natale, et avait la délicieuse impression que les aromates de son île avaient imprégné sa peau jusqu'à en faire un parfum inédit.

Rien n'est trop bon ou trop beau pour ce grand jour! avait-elle encore pensé en disposant les dernières fleurs sur la longue nappe blanche.

Même leur maison de pierre qui faisait face à la mer lui semblait sourire à la vie.

— Tes *arancini* sont un régal! lui avait lancé Benedetto, leur plus proche voisin.

Simonetta, installée à un bout de la table, lui avait souri. Puis, après avoir contemplé un moment le joyeux tableau, elle avait fermé les yeux, comme pour mieux respirer l'atmosphère, et son fils put alors observer chez elle un petit sourire qu'il ne lui connaissait pas.

Les propos de la vieille Filomena quelques jours avant leur départ de Castelrosa venaient de revenir à la mémoire de Simonetta. La septuagénaire, la tête penchée sur son marc de café, lui avait alors dit avec beaucoup d'assurance: «Tu reviendras au pays... Et entre-temps, tu auras encore trois enfants.» C'est donc avec un certain amusement qu'elle songeait à la stupéfaction qu'elle avait eue d'apprendre ce qu'elle avait présumé être ses prochaines grossesses.

Elle rouvrit ensuite les yeux et observa tour à tour Gaëtan, Gwendoline et Jules, le regard chargé de tendresse.

Puis, après avoir à nouveau admiré la tablée avec ce sentiment de plénitude jusque-là encore jamais égalé, elle s'attarda sur sa petite-fille Elisa qui, accrochée au sein de sa mère, tétait son lait avec avidité. Ses prunelles venaient tout juste de se voiler quand une main affectueuse se posa sur son épaule. Simonetta en reconnut d'instinct la propriétaire et ne se retourna pas.

— Es-tu vraiment certaine de ne pas vouloir venir nous rejoindre, ma chérie? Sais-tu que la maison des Brigante est à vendre et qu'elle est moins chère que celle que Gaëtan et Albertina ont achetée!? lui demanda-t-elle toujours sans se retourner, tout en lui tapotant tendrement la main.

Gwendoline lui donna un rapide bisou dans le cou puis s'accroupit à ses genoux et se mit à lui parler comme on le ferait avec un enfant.

— Tu sais, ma Simonetta, j'aime énormément votre île, et je ne demanderais qu'à pouvoir venir y vivre... Mais, vois-tu, j'aime encore plus Estelle et la Sicile est encore bien trop puritaine pour accepter une telle relation. Je n'ai aucune envie de devoir la vivre cachée.

— C'est donc du sérieux avec elle? lui demanda Simonetta avec son éternelle douceur, en ayant encore un peu de mal à assimiler que deux personnes du même sexe puissent être en couple.

— Oui, Simonetta... et je compte d'ailleurs bien un jour l'épouser!

— Mais les femmes ne se marient pas entre elles! lui rétorqua-t-elle, aussi étonnée que le fut la petite Martine en son temps.

— Oh, tu verras, ce sera un jour le cas! lui répondit-elle sur le même ton de diseuse de bonne aventure qu'elle avait eu lors de la partie de cache-cache. – Puis, après un très court instant de silence, Gwendoline releva à nouveau son visage fier et assuré vers Simonetta. – Et tu verras, plus vite que tu ne le crois! La Belgique a toujours été très avant-gardiste quant à...

Elle n'eut pas le temps d'achever sa phrase. Gaëtan, qu'elle n'avait pas vu arriver, avait passé les doigts dans sa coupe de garçonne.

— Tu continueras tes messes basses avec Simonetta plus tard, sœurette ! Cesario t'attend pour donner les dragées… et sache que l'on ne fait pas attendre mes deux princesses, lui dit-il, un sourire dans la voix.

Jules, qui pour rien au monde n'aurait voulu manquer ce grand jour, avait pris l'avion avec Caroline, Gwendoline, Cesario, Emilio et Maria. Quant à Marylou, elle n'avait pu les accompagner. Enceinte de huit mois d'un certain André, qui la portait aux nues (et dont elle disait cette fois haut et fort qu'elle avait «enfin» rencontré son prince charmant), elle avait été interdite de voyage par son médecin. Aldo, pour sa part, était à quelques jours de l'inauguration de sa troisième pizzeria et avait dû, bien à regret, décliner l'invitation. Presque toutes les personnes que Fernando et Simonetta aimaient étaient donc là pour fêter le baptême de leur petite Elisa.

Fernando, qui venait de vanter et servir le vin du pays à Jules, fit un grand geste vers Gaëtan.

— Allez, Gaetano ! lui cria-t-il, sépare un peu ces deux pipelettes !

La tablée se mit à rire de bon cœur et Simonetta prit le visage de Gwendoline entre ses mains, lui embrassa le front, puis lui murmura :

— Que Dieu t'entende et te bénisse, ma chérie.

Simonetta avait failli faire remarquer à Gwendoline qu'elle ne pourrait donc pas lui donner de petits-enfants, mais elle s'était félicitée que la présence de son frère l'en ait empêché.

La remise des dragées terminée, Gaëtan souleva un bout de la longue nappe blanche et prit le paquet-cadeau qui se trouvait à ses pieds. Il se dirigea ensuite vers son épouse et se planta devant elle.

Albertina regarda son mari, intriguée. Puis, elle se leva, protégea de sa main libre l'épaule de Maria avec une serviette, lui confia sa fille et se rassit pour défaire avec lenteur le bel emballage d'un rouge flamboyant.

Elle découvrit avec surprise une boîte à biscuits métallique Delacre datant de Mathusalem, où le roi Baudouin et la reine Fabiola paraissaient être en prison derrière les bandes d'adhésif qui entouraient le surréaliste coffret. Elle regarda Gaëtan encore plus intriguée qu'elle ne l'avait été quelques instants plus tôt.

— Ouvre ! lui dit-il, amusé.

Albertina détacha cette fois les bandes avec moins de patience, ne s'attarda pas sur les visages des monarques belges abîmés par leurs années de colle et souleva très doucement le couvercle de la boîte comme si un petit diable allait surgir.

Les larmes qui avaient failli couler quelques instants plus tôt sur les joues de sa mère ne tardèrent pas à devenir les siennes quand elle déplia la feuille à carreaux qui s'y trouvait.

Elle se leva pour embrasser son mari et chuchota à son oreille dans un petit rire étranglé par l'émotion :

— Ils sont où mon diadème et ma robe de princesse ?

La petite assistance, curieuse quant au contenu de la feuille à carreaux, se mit à taper du poing sur la table, tandis que Cesario jouait de la batterie avec ses couverts.

— On veut savoir ! On veut savoir ! crièrent-ils tous comme des enfants.

Albertina se retourna vers eux.

— Vous pouvez toujours courir ! leur dit-elle sur un ton enjoué, tout en rangeant délicatement son trésor dans la poche de sa robe.

***

Tandis que la petite fête battait son plein à Castelrosa, une pluie froide et diluvienne frappait le pavé de la place Flagey à Bruxelles. Henriette, des bigoudis sur la tête, y déambulait et ne semblait pas le moins du monde s'en soucier.

« Comme d'habitude, elle parlait toute seule », rapportera plus tard un commerçant.

Pour la première fois de son existence, elle avait déposé en chancelant une pièce dans la soucoupe d'un SDF qui, tout comme elle, n'avait pas cru nécessaire d'aller se mettre à l'abri. Il semblerait qu'elle l'ait fait comme d'autres auraient mis un cierge à l'église, puisque le vagabond l'aurait entendue marmonner des mots adressés à Dieu. Puis, elle rentra chez elle, se mit dans son lit sans avoir pris soin de se sécher ni de retirer ses rouleaux, et décida d'y attendre patiemment la mort.

Elle sera découverte dix jours plus tard grâce à son jeune voisin de palier qui, déjà fortement importuné par les odeurs âcres qui se dégageaient devant sa porte, avait été se plaindre auprès de la concierge de l'immeuble que ces effluves avaient cette fois envahi toute la cage d'escalier, allant même jusqu'à s'infiltrer dans son appartement.

Ses parents, Gwendoline et Estelle l'enterrèrent dignement.

Et, face à l'autel, Gwendoline s'étonna d'éprouver pour la première fois de sa vie un sentiment envers sa mère. Celui de la pitié.

Dépôt légal 1er trimestre 2024

ISBN 9782357207936

Directrice éditoriale : Isabelle Chopin
Illustration du bandeau de couverture : Sophie Wouters, *Sans titre*, acrylique sur papier japonais, 2023
Maquette : Point Libre

Imprimé en France

32, rue Lafaurie-de-Monbadon – 33000 Bordeaux
www.hc-editions.com